Mein
Sprachbuch 2
Das bärenstarke Arbeitsheft

Ausgabe Bayern

Andrea Klug, München

Ursula von Kuester, Herrsching

Theresia Pristl, Regensburg

Johanna Schmidt, Regensburg

Andrea Tonte, Gräfelfing

Michaela Walch, Traubing

Oldenbourg Schulbuchverlag, München

Redaktion:
Angela Ziegler-Heitbrock, Herrsching

Illustration:
Jutta Garbert, Christa Unzner

Umschlagkonzept:
Mendell & Oberer, München

Umschlaggestaltung und Layoutkonzept:
Erasmi + Stein, München

Layout und technische Umsetzung:
Ines Schiffel, Berlin

Textrechte:
S. 55: Angela Ziegler: Schneckenglück (Originalbeitrag)

Zu dem Unterrichtswerk
Mein Sprachbuch 2 gehören:

Mein Sprachbuch 2 – Schülerbuch
136 Seiten, vierfarbig   ISBN 978-3-7627-0508-6

Das bärenstarke Arbeitsheft 2
72 Seiten, vierfarbig   ISBN 978-3-7627-0509-3

Kennzeichnung der Anforderungsbereiche:

(3) Wiedergeben (AB 1)

(3) Zusammenhänge herstellen (AB 2)

(3) Reflektieren und beurteilen (AB 3)

Zeichenerklärung:

ICH ▸ Denke zuerst alleine nach.

DU + ICH ▸ Wie macht es dein Nachbarkind?
Warum so? Sprecht darüber.

WIR ▸ Stellt eure Ergebnisse in der Klasse vor.
Was meinen die anderen?
Entscheidet gemeinsam.

 bedeutet: Schreibe in dein Heft.

(3) Die Zahl in der Klammer verrät dir die Anzahl
der richtigen Lösungen – hier zum Beispiel 3.

Wörterschule

Die Wörterschulen enthalten den Grundwortschatz
der Jahrgangsstufen 1 und 2.

* Wörter **mit Sternchen**
sind zusätzliche Beispiele.

✎ Der Stift in den Wörterschulen zeigt dir,
was du machen sollst – zum Beispiel
die Silben kennzeichnen.

Darin ordnest du die Lernwörter: nach dem
Abc, der Silbenanzahl, nach Buchstaben
oder Wortart, nach Lieblingswörtern …

In diese Zeile kannst du
ein weiteres passendes Wort schreiben.
Die Wörterliste ab Seite 69 hilft.

www.cornelsen.de

1. Auflage, 6. Druck 2023

Alle Drucke dieser Auflage sind inhaltlich unverändert
und können im Unterricht nebeneinander verwendet werden.

© 2014 Oldenbourg Schulbuchverlag GmbH, München
© 2016 Cornelsen Verlag GmbH, Berlin

Druck: H. Heenemann, Berlin

ISBN 978-3-7627-0509-3

PEFC zertifiziert
Dieses Produkt stammt aus nachhaltig
bewirtschafteten Wäldern und kontrollierten
Quellen.
www.pefc.de

PEFC/04-31-1156

In Bibus Garten

Wenn du mit einem Arbeitsblatt fertig bist, suchst du hier die Blume aus dem jeweiligen Merkkasten. Du darfst sie anmalen oder einkreisen.

Nomen und Sil-ben

1 Wörterschule: Das machst du **immer** zuerst!
Sprich die Lernwörter in Sil-ben und ziehe
Sil|ben|stri|che. Überprüfe mit der passenden
Seite aus dem Sprachbuch.

2 Schreibe vor jedes Lernwort die Anzahl
der Silben: ☐2☐ Blu|me.

Welches Wort passt noch?

3 Schreibe passende Wörter aus der Wörterschule.

Blume

4 Nomentest: 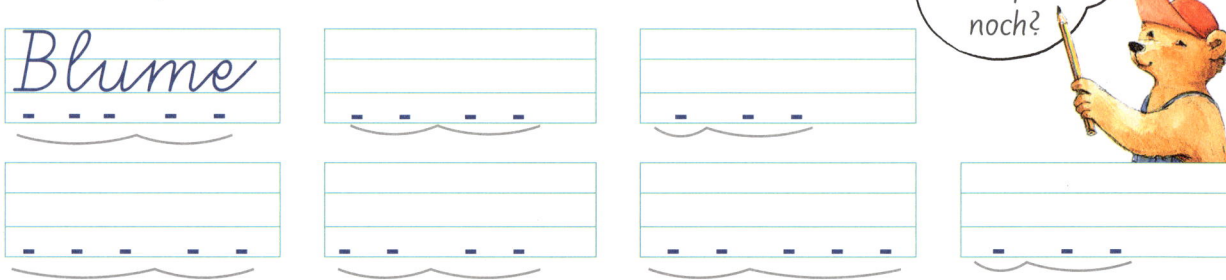 Was ich anfassen und malen kann,
fängt mit einem Großbuchstaben an.

Groß oder klein? Setze die Buchstaben richtig der Reihe nach ein.

$ $ / B O U O O H E H M B A B S O H E D I D

Sara

Sara _ist _ei _ma _nd _pa.
_ma _at _ine _ose _it _lumen _n.
Die _lüten _ind rosa. _pa _olt
_ine _ose. Was _st _arin?

Das gilt immer: Umkreise die Nummern der Aufgaben,
die zu dem Rechtschreib-Trick passen.

Rechtschreib-Trick:
Sil-ben spre-chen !

Streiche durch, was falsch ist.

**Ich spre-che beim Schrei-ben
in Sil-ben/Lie-dern mit.**

Rose

Richtig schreiben   Großschreibung von Nomen

Mein Sprachbuch 2 – Arbeitsheft © 2014 Oldenbourg Schulbuchverlag GmbH, München

Besondere Laute: ch, sch

(1) Schreibe vor jedes Lernwort die Anzahl seiner Buchstaben.

(2) Schreibe: 1 Laut, aber 2 Buchstaben!

Wörterschule

☐ S c h u l e
☐ B u c h
☐ T i s c h
☐ m a c h e n
☐ s u c h e n
☐ S c h e r e
☐ h o c h
☐ T a s c h e

Buch

Schreibe: 1 Laut, aber 3 Buchstaben!

(3) Sprich beim Schrei-ben in Sil-ben mit. Markiere **ch** und **sch**.

(4) Nomentest ✋   Merk dir bloß: Nomen schreibt man groß.

Groß oder klein? Setze die Buchstaben richtig der Reihe nach ein.

D S S S S S S U D T S E I D T H E B U E A I D S

In _der_ _Schule_

_ascha _ucht _eine _chere. Er _chaut _nter _en _isch.
Nun _ucht _r _n _er _asche. Er _olt _in _uch
hoch _nd macht _s _uf. Ach! Da _st _ie _chere!

Rechtschreib-Trick:
Sil-ben spre-chen!

Streiche durch, was falsch ist.
**Ich spre-che beim Schrei-ben
in Sil-ben mit
und hö-re die Lau-te/Au-tos
Schritt für Schritt.**

Schwanen-
blume

Mein Sprachbuch 2 – Arbeitsheft © 2014 Oldenbourg Schulbuchverlag GmbH, München

Richtig schreiben lauttreu schreiben

Wörter mit Ei/ei

☐ l e i s e
☐ E i
☐ f e i n
☐ S e i f e
☐ z w e i
☐ k l e i n
☐ E i s
☐ s c h e i n e n

1 Kreise in der Wörterschule ein:

2 **Ei/ei** ist ein **Zwielaut**. Wie viele Zwielaute zählst du in der Wörterschule? → ☐

3 Welche Lernwörter passen?

fein

4 Reime! Achte dabei immer auf das Wortende.

r _ein_   zw _ei_   sch _einen_   S _eifen_

m _____   dr _____   m _____   Schl _____

k _____   fr _____   w _____   Pf _____

5 Reime. Umrahme eine **Zeile**, die dir gefällt.

Gutes Eis hat seinen Pr_eis_.
Für meinen Br_ei_ hole ich ein _____.
Am Auto scheint L_icht_ für weite S_____.
Eine kleine M_eise_ macht sich leise auf die R_____.
Um zwei feine S_eifen_ bindet Oma kleine Schl_____.
Die Eisblumen w_einen_, weil die Lichter so warm sch_____.

Streiche durch, was falsch ist.

Ei/ei ist ein Zwielaut.
Ich höre ai und schreibe au/ei.

Eisenhut

Richtig schreiben · Zwielaut ei

Mein Sprachbuch 2 – Arbeitsheft © 2014 Oldenbourg Schulbuchverlag GmbH, München

Wörter mit Au/au

→

1. Wörterschule: • Zähle jeweils die Silben → 3 .
   • Kreise den Zwielaut **Au/au** ein.

☑ 3	A u f|g a|b e
☐	B a u m
☐	b l a u
☐	A u g e
☐	b r a u n
☐	F r a u
☐	A u t o
☐	s c h a u e n *
☐	B a u c h *

2. Welche Lernwörter passen?

Baum

3. B**auch**   B**aum**   bl**au**   br**aun**   **aus**

   L_____   R_____   schl_____   Z_____   L_____

4. Nomentest: ✋ Merk dir bloß: Nomen schreibt man groß.

Setze die Buchstaben richtig der Reihe nach ein. Schreibe eine Überschrift.

$\cancel{S}$ Z B I E M H A U E B F B H D B F D H M S U E A

← Überschrift

Paul _schaut zum _aum.
Da _st _ine braune _aus. Sie _at kleine _ugen
_nd _inen runden _auch. _rau _auer _olt _en
_uben _ür _ie _ausaufgaben.
Die _aus _aust _nter _in blaues _uto.

Streiche durch, was falsch ist.

**Für den Zwielaut au
schreibe ich zwei/drei Buchstaben.**

Heidekraut

Mein Sprachbuch 2 – Arbeitsheft © 2014 Oldenbourg Schulbuchverlag GmbH, München

Richtig schreiben   Zwielaut au

Satzanfänge und Wörter mit r

① Wörterschule:
- Zähle in jedem Lernwort die Silben → ⬚3.
- Schreibe die Wörter und markiere so:

ar-bei-ten,

② Sprich die Wortpaare. Wo hörst du **r** besser? Kreuze an.

⬚ schwa**r**z	⬚ Wo**r**t	⬚ He**r**z	⬚ Ho**r**-te
⬚ schwa**r**-ze	⬚ Wö**r**-ter	⬚ He**r**-zen	⬚ Ho**r**t
⬚ Gu**r**-te	⬚ Sche**r**z	⬚ Schme**r**-zen	⬚ O**r**-te
⬚ Gu**r**t	⬚ Sche**r**-ze	⬚ Schme**r**z	⬚ O**r**t

Ich höre **r** besser   ⬚ im kurzen Wort.   ⬚ im langen Wort.

③ Aufgabe 2a, b   Kennzeichne die Fehler (11) so: ↑

Der Detektivstift auf der Umschlagklappe hilft dir.

↑oma und ↑opa

ich lerne mit oma und schreibe wörter
in mein schwarzes heft.
opa arbeitet im garten und wartet auf mich.
gleich darf ich die birnen vom baum holen.

**Rechtschreib-Trick:
An Regeln denken!**

Ergänze.

**Auf die Plätze, fertig, los –
Satzanfänge und Nomen**

schreibt man _____ !

Margerite

Mein Sprachbuch 2 – Arbeitsheft © 2014 Oldenbourg Schulbuchverlag GmbH, München

Wortbaustein -er

Wörterschule

☐ Schwes|t**er** ✏

① Wörterschule: ● Markiere den Wortbaustein **-er**.
　　　　　　　　● Zähle die Buchstaben.

☐ B r u d e r
☐ P a r t n e r
☐ F e d e r
☐ W i n t e r
☐ F e n s t e r
☐ h i n t e r
☐ ü b e r
☐ a b e r
☐ w e i t e r
☐ ⬜⬜⬜

② Wo passt der Wortbaustein **-er** (8)?

Brud____, Wint____, Schwest____,

Birn____, hint____, Tant____, Fenst____,

weit____, Fed____, Ent____, Partn____

③ Suche weitere Wörter mit dem Wortbaustein **-er** in
der Wörterliste ab Seite 69. Schreibe.
Welches Wort möchtest du in der Wörterschule aufnehmen?

④ ✏ Aufgabe 1　ICH▶ Setze ein: e (1) oder er (8).
DU + ICH▶ Vergleicht eure Eintragungen.

Partn____

Wir warten auf den Wint____.

Aber Brud____ und Schwest____ zeichnen einen

Baum und ein Nest. Darüber kleben sie ein__ Fed____.

Sie zeichnen weit____:

Hint____ einem Zaun ist ein Haus mit roten Fenst____n.

1 Rechtschreib-Trick:
Sil-ben spre-chen!

Streiche durch, was falsch ist.

**Ich spreche den
Wortbaustein/Holzbaustein -er
am Wortende besonders deutlich.**

Leber-
blümchen

Richtig schreiben　Wortbausteine

Wortbausteine -el und -en

1 ICH Wie willst du die Lernwörter ordnen?
Überlege und nummeriere in den Kästchen.
DU + ICH Wie hat dein Nachbarkind geordnet?
Vergleicht und sprecht darüber.
WIR Erklärt in der Klasse,
wie ihr Lernwörter ordnet und warum
ihr das so macht.

☐ Ga|bel
☐ Nadel
☐ Pinsel
☐ malen
☐ Nebel
☐ Wurzel
☐ Onkel
☐ finden
☐ Regen
☐ dunkel
☐

2 Schreibe die Lernwörter.
Markiere die Wortbausteine -el und -en gelb.

3 Setze ein: -el (7) oder -en (5).

leg____, Nab____, Enk____, wart____, Ig____, dürf____, Mädch____,

Mäd____, lern____, Knöd____, Nud____, Strud____

4 Aufgabe 1   Berichtige die Fehler (10) im Heft.

Dunkel

So ein Nebl, fast schon Regn! Wir bleibn im Haus. Mein Onkl
sucht Pinsl. Wir findn eine Wurzl und eine alte Nadl.
Ach, der Pinsel ist bei den Gabln! Nun malen wir eine Ampl.

Rechtschreib-Trick:
Sil-ben spre-chen!

Streiche den falschen Buchstaben durch.
**Wenn ich in Sil-ben spre-che,
höre ich e/ä in -el und -en.**

Primel

Mein Sprachbuch 2 – Arbeitsheft © 2014 Oldenbourg Schulbuchverlag GmbH, München

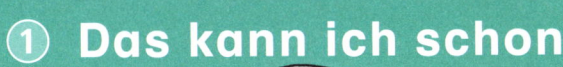

Sei schlau,
lies genau!

1 Schrei-be je-des Wort in Sil-ben auf.

arbeiten, Blume, Hosentasche

Dose, Schule, Aufgabe, hinter

2 Schreibe den Text richtig auf.

unser blaues auto ist unter einem baum.
da saust eine eichel auf das dach herunter.

3 In jeder Zeile fehlt immer der gleiche Laut. Schreibe die Wörter vollständig auf.

_____ : ___ule, wa___en, ___ere, Ti___, Ta___e

_____ : Bu___, Ba___, ma___en, la___en, na___, ni___t

4 Warum passt ein Wort nicht? Streiche es durch und erkläre.
Es gibt mehrere Lösungen. Sprecht darüber.

Auto, sausen, Aufgabe, Ast

Mein Sprachbuch 2 – Arbeitsheft © 2014 Oldenbourg Schulbuchverlag GmbH, München

Wiederholen Seite 4 – 10

SB Seite 13

11

5 Immer nur ein Wort ist richtig geschrieben. Schreibe es.

a) Schester, Schwesta, Schwester

b) Winta, Winter, Winnter

c) Onkel, Onkl, Omkel

d) Regn, Regen, Regän

6 In welchen Wörtern fehlt der Buchstabe **r**? Setze ihn passend ein.

wa___ten, dü___fen, Do___se, Ga___ten, Wu___zel,

wa___ten, Bru___der, Ne___bel, Fe___der, schwa___z

7 Schreibe zu den Bildern die passenden Wörter.

8 Reime.

scheinen   der Bauch   der Baum   die Speise

w_____   der R_____   der Tr_____   die R_____

das Eis   fein   das Wort   finden

der R_____   kl_____   der Sp_____   b_____

Wie konntest du die Aufgaben lösen?
Male unter jede Aufgabennummer ein passendes Gesicht:
☺ Leicht!   😐 Es geht!   ☹ Ich muss dazu noch üben.

Wiederholen

Mein Sprachbuch 2 – Arbeitsheft © 2014 Oldenbourg Schulbuchverlag GmbH, München

Ordnen nach dem Abc

A, E, I, O, U klingen immerzu.

① Male an und schreibe:
☐ – V für Vokal,
☐ – K für Konsonant.

A	B	C	D	E	F	G	H	I	J	K	L	M

V K _____

N	O	P	Q	R	S	T	U	V	W	X	Y	Z

_____

☐ E n d e
☐ W o l k e
☐ s o
☐ K i s t e
☐ N a m e
☐ t u n
☐ a u f
☐ b e i
☐ d a
☐ G e i s t *

② Nummeriere die Wörter in der Wörterschule nach dem Abc.

③ Schreibe die passenden Wörter aus der Wörterschule.
☐ Silbenkern (Vokal oder Zwielaut) ☐ Konsonant

Finde den Silbenkern im Nu mit a, e, i und o und u.

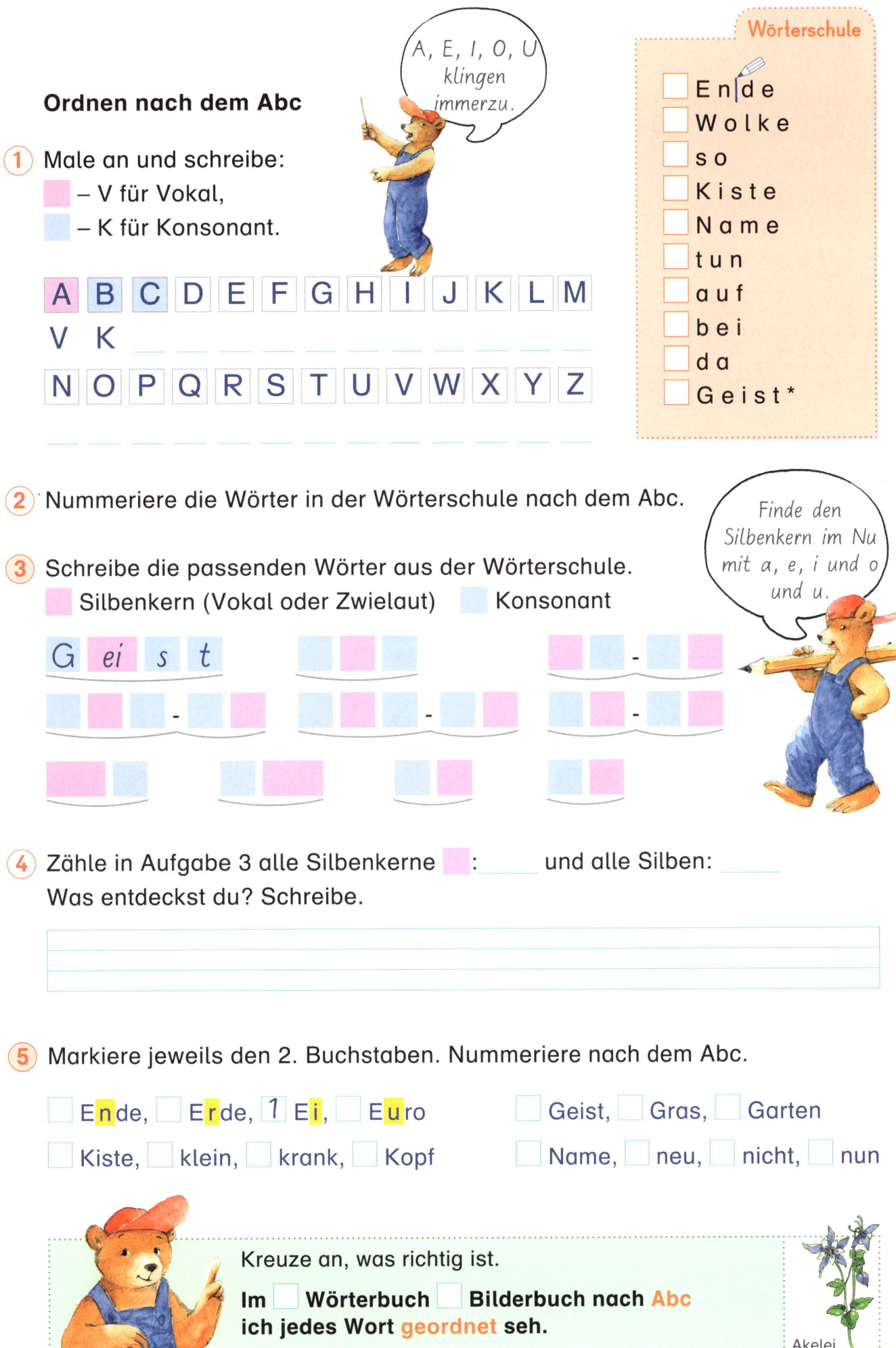

G ei s t

④ Zähle in Aufgabe 3 alle Silbenkerne ☐: _____ und alle Silben: _____
Was entdeckst du? Schreibe.

_____
_____
_____

⑤ Markiere jeweils den 2. Buchstaben. Nummeriere nach dem Abc.

☐ E**n**de, ☐ E**r**de, 1 E**i**, ☐ E**u**ro   ☐ Geist, ☐ Gras, ☐ Garten

☐ Kiste, ☐ klein, ☐ krank, ☐ Kopf   ☐ Name, ☐ neu, ☐ nicht, ☐ nun

Kreuze an, was richtig ist.
Im ☐ Wörterbuch ☐ Bilderbuch nach Abc
ich jedes Wort geordnet seh.

Akelei

Mein Sprachbuch 2 – Arbeitsheft © 2014 Oldenbourg Schulbuchverlag GmbH, München

Richtig schreiben Ordnen nach dem Alphabet

6 Spure die Artikel nach.
Was bedeutet 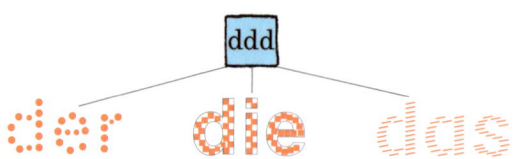?

der die das

7 Artikel begleiten Nomen: Schreibe passende Nomen aus der Wörterschule.

der

die   *das*

8 Auch **ein/eine** sind Artikel. Schreibe die Nomen aus Aufgabe 7 so:
ein Ende, eine … Was fällt dir auf?
Schreibe weitere Nomen aus der Wörterliste so.

9 **Nomentest:** ✋ Anfassen   **Nomentest:** ⎕ddd Artikel

Mindestens ein Test muss passen. Schreibe nur die Nomen (4) mit Artikel.

(✋)(ddd) **Auto** kann ich anfassen. **Auto** hat auch einen Artikel: **das** Auto.

(✋)(ddd) **Geist** kann ich nicht anfassen, hat aber einen Artikel: **der** Geist

✋ ddd GABEL   ✋ ddd UND   ✋ ddd NAME   ✋ ddd ABER

✋ ddd WOLKE   ✋ ddd BEI   ✋ ddd AUF   ✋ ddd EI

10 Merk dir bloß: Nomen schreibt man groß.   Markiere alle Nomen (12) so: ↑

↑nomen

samuel und fatima haben zu tun. Sie suchen nomen.
Die artikel „der, die, das" helfen dabei.
Sie schreiben jedes nomen so auf
eine karte: die wolke, die kiste,
der name, der geist, das ende.

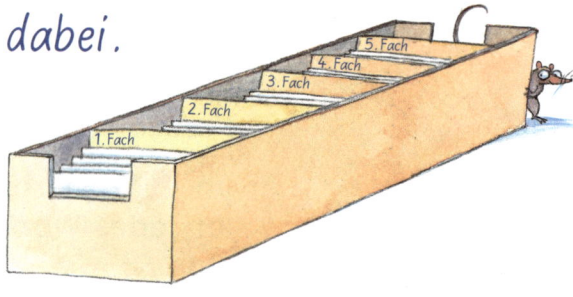

Mein Sprachbuch 2 – Arbeitsheft © 2014 Oldenbourg Schulbuchverlag GmbH, München

Wörter mit Eu/eu

☐ L ä te
☐ Fr eu nd
☐ eu ro
☐ h eu te
☐ n eu
☐ Fr eu de*
☐ Fr eu ndin*
☐ fr eu en*
☐ eu er*

(1) **Eu** (1) oder **eu** (8)? Schreibe die Lernwörter.

(2) Mache nach jedem Wort einen Strich.
Schreibe den Satz richtig auf. Achte auf den
Satzanfang und das Satzschlusszeichen: den Punkt.

w i r | f r e u e n u n s a u f s t r e u s e l k u c h e n

(3) Ordne in die passende **Spalte**: FREUND, NEU,
LEUTE, EURE, EURO, TREU, BEUTEL, FREUEN,
HEULEN, SCHEUNE, TEUER, HEU, HEUTE

Nomen mit Artikel ✋ ddd   andere Wörter

Ergänze.

Eu/eu ist ein Zwielaut.
Ich höre oi und schreibe _____ .

Heublume

Mein Sprachbuch 2 – Arbeitsheft © 2014 Oldenbourg Schulbuchverlag GmbH, München

Richtig schreiben   Zwielaut eu

(4) Schreibe zu jedem Bild das Wort mit dem Zwielaut **Eu** (2) oder **eu** (3).

(5) Schreibe **Eu/eu** oft in die Eulen.

(6) Schreibe die Wörter richtig auf.
Die Wörterschule hilft dir.

Oiro, freun, nue, Loite, oier

Eu   eu

(7) Nach einem Aussagesatz hat der Punkt seinen Platz.

Ergänze die Punkte (4). Markiere Satzanfänge so: ↑

↑meine Freude ist groß ich habe
eine neue Freundin sie ist
eine Eule heute kaufen wir für
neun Euro Eis

(8) Entscheide selbst: Schreibe zu dem Bild

- Wörter mit **Eu/eu**,
- oder: Sätze mit **Eu/eu**-Wörtern,
- oder: ein Märchen mit **Eu/eu**-Wörtern.
   Es war einmal …
   Gliedere dein Märchen in Absätze,
   beginne mit einer **neuen Zeile**,
   wenn etwas **Neues geschieht**

(9) 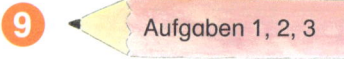 Aufgaben 1, 2, 3   Überprüfe mit dem Detektivstift.

Mein Sprachbuch 2 – Arbeitsheft © 2014 Oldenbourg Schulbuchverlag GmbH, München

Sprache untersuchen · Satzschlusszeichen

Was kann er/sie/es tun?

Wörterschule

(1) In der Wörterschule siehst du Verben in der Grundform. Sie haben am Ende den gleichen Wortbaustein. Male ihn dort jeweils rot an.

- b l e i **b e n**
- z e i g e n
- f r a g e n
- l e b e n
- s a g e n
- s c h r e i b e n
- ü b e n
- l e g e n
- g e b e n

(2) Schreibe vier Lernwörter, die dir gut gefallen, in der Wir-Form auf. Was fällt dir auf?

(3) Baue Verben in der **Er-/Sie-/Es**-Form. Male passende Steine an. Schreibe.

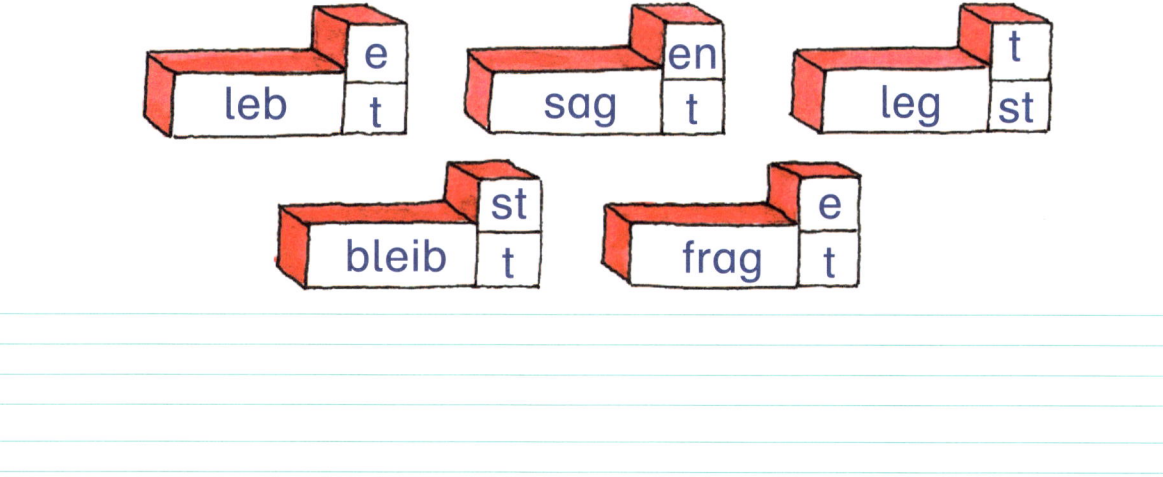

leb — e / t
sag — en / t
leg — t / st
bleib — st / t
frag — e / t

(4) Wähle aus: Du kannst mit den Verben aus Aufgabe 3
- Sätze bilden,
- zu den Verben eine Geschichte schreiben,
- zu den Lernwörtern eine Geschichte schreiben.

Das Bild auf Seite 18 passt dazu. Die Wörterliste ab Seite 69 hilft.

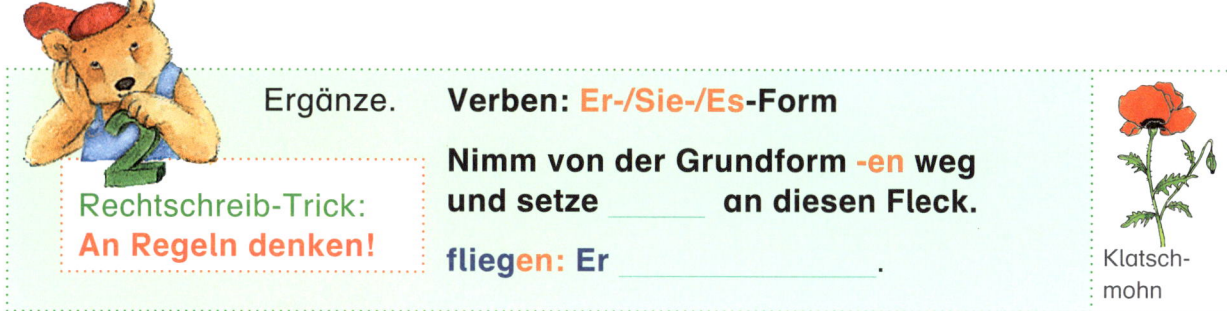

Ergänze.

Rechtschreib-Trick:
An Regeln denken!

Verben: Er-/Sie-/Es-Form

Nimm von der Grundform -en weg und setze _____ an diesen Fleck.

fliegen: Er _____.

Klatsch-mohn

Mein Sprachbuch 2 – Arbeitsheft © 2014 Oldenbourg Schulbuchverlag GmbH, München

Richtig schreiben Verben

5 a) Vervollständige die Sätze mit Verben aus der Wörterschule.

b) Bilde aus den Aussagesätzen Fragesätze: Schreibt der grüne …?

Der grüne Zwerg _____ einen Brief. Der rote Zwerg _____

Lernwörter. Der blaue Zwerg _____ das Buch auf den Tisch .

Der gelbe Zwerg _____ dem Fuchs den Weg.

6 **b** oder **pp**?

es blei___t   –   blei b en

es schrei___t   –   schrei b en

es kla___t   –   kla p p en

g oder **ck**?

sie fra___t   –   fra g en

sie schi___t   –   schi c k en

sie le___t   –   le g en

7 Verbtest: [ich] Schreibe nur die Verben (3) in der Ich-Form.

baden, hinten, und, zeigen, Regen, wegen, üben, Garten

ich b

8 Was erzählt Großmutter Fatime? Setze die Verben in der richtigen Form ein.

„Meine Tochter Sena _____ (leben) in München.
Ich _____ (bleiben) in Ankara. Oft _____ (fragen)
ich nach meinem Enkel Emre. Sena _____ (schreiben)
mir und _____ (zeigen) Fotos im Internet. Für die Fotos
_____ (legen) ich einen neuen Ordner an. Emre _____
(üben) ein Gedicht und _____ (sagen) es am Telefon auf.“

SB Viel zu tun! • Seite 31–33

Mein Sprachbuch 2 – Arbeitsheft © 2014 Oldenbourg Schulbuchverlag GmbH, München

Kommst du mit einer Aufgabe nicht voran, fange mit der nächsten an!

1 In diesem Abc fehlen Buchstaben.
Schreibe sie in der richtigen Reihenfolge darunter auf.

A b d E f g i j k l M n o Q r S U v w x z

2 Schreibe alle Vokale auf: _____

3 Ordne die Wörter nach dem Abc.
Nummeriere in der richtigen Reihenfolge.

☐ Auge	☐ Hose	☐ Kiste	☐ lernen
☐ Feder	☐ Hexe	☐ Gemüse	☐ Garten
☐ Ente	☐ Hase	☐ Tag	☐ Tante
☐ danken	☐ Hund	☐ Satz	☐ Katze
☐ Onkel	☐ Himmel	☐ müssen	☐ Schwester

4 Welches Verb passt? Verbinde.

	machen			lernt			freuest sich
es	mache		er	lernen		sie	freut sich
	macht			lernst			freust sich

5 Bilde einen Aussagesatz und einen Fragesatz. Schreibe beide Sätze auf.

sucht   er   eine Pflanze   im Internet

6 Verben verändern sich. Schreibe in die Tabelle.

Verb	ich	du	er
schreiben			
sagen			
fragen			

7 In der Zeile passt ein Wort nicht. Streiche es durch und begründe, warum.

● Eule, Feuer, leben, freuen, Freundin

8 Entdecke in der Schlange das Abc und kreise es ein.

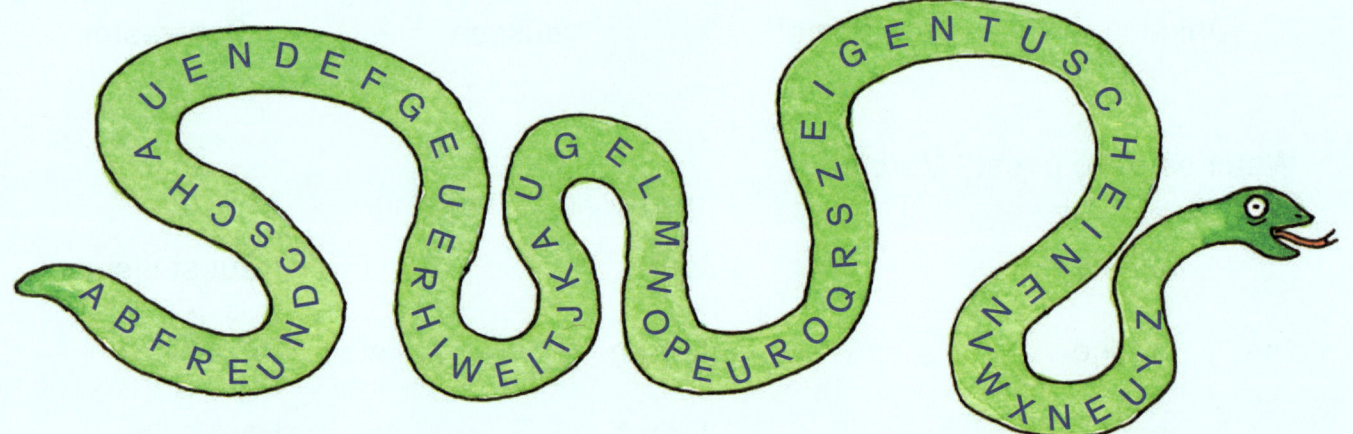

9 Welche Wörter hat die Abc-Schlange verschluckt? Ordne nach Wortarten.

Verbtest: _____

Nomentest: _____

andere Wörter: _____

Wie konntest du die Aufgaben lösen?
Male unter jede Aufgabennummer ein passendes Gesicht:
☺ Leicht!　　☺ Es geht!　　☹ Ich muss dazu noch üben.

Mein Sprachbuch 2 – Arbeitsheft © 2014 Oldenbourg Schulbuchverlag GmbH, München

Einzahl und Mehrzahl

1 Ein Tier ist über die Wörter gelaufen. Ergänze sie.

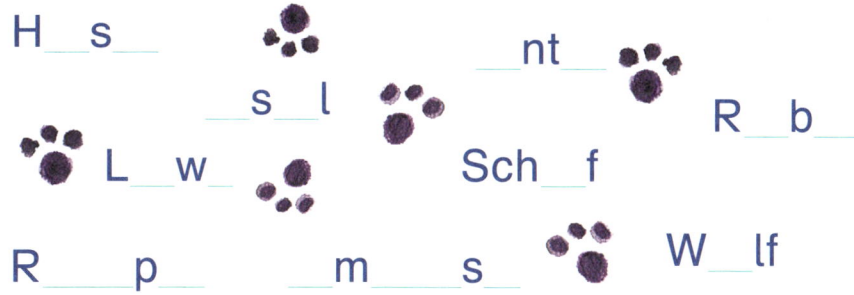

H__s__   __nt__

__s__l   R__b__

L__w   Sch__f

R__p   __m__s__   W__lf

Wörterschule

☐ R a b e
☐ W o l f
☐ A m e i s e
☐ E n t e
☐ R a u p e
☐ E s e l
☐ H a s e
☐ L ö w e
☐ S c h a f
☐

2 Einzahl oder Mehrzahl ?

Male jedes Kärtchen mit der richtigen Farbe aus.

die Wölfe   die Raupen   die Ente   der Hase   die Ameise   die Esel   der Löwe   die Schafe   der Rabe

3 Schreibe die Lernwörter in der Mehrzahl mit Artikel auf.

die Wölfe,

Rechtschreib-Trick:
An Regeln denken!

Streiche, was nicht passt.

Nomentest: [MZ]

**Ein Nomen ich ganz leicht erkenne,
wenn ich dazu die Mehrzahl/
die Menschen nenne.**

Schaf-
garbe

Mein Sprachbuch 2 – Arbeitsheft © 2014 Oldenbourg Schulbuchverlag GmbH, München

Richtig schreiben   Nomen erkennen: Mehrzahl

4 Schreibe in Großbuchstaben die Namen der Tiere in die Kästchen. Das Lösungswort verrät dir, wer in Aufgabe 1 über die Wörter gelaufen ist.

5 Male Silben, die zusammengehören, mit der gleichen Farbe an. Schreibe die Wörter.

EN	PEN	HA	FE	SCHWEI	BU
BEN	LÖ	BI	TEN	RAU	RA
SEN	WÖL	NE	SCHA	WEN	FE

6 Bilde mit Silben von Aufgabe 5 Fantasietiere. Beispiel: *WÖL-RAU*. Male eines.

7 Markiere die Nomen so: EZ (Einzahl), MZ (Mehrzahl).

Die Ameise (__) und der Esel (__) suchen das kleine Schaf (__). Sie fragen die Löwen (__) und die Wölfe (__), wo die Schafe (__) sind. Sie finden nur die schwarzen Raben (__) und die Raupe (__). Der Hase (__) zeigt den Weg. So finden sie das kleine Schaf (__) bei den Enten (__).

Mein Sprachbuch 2 – Arbeitsheft © 2014 Oldenbourg Schulbuchverlag GmbH, München

Sprache untersuchen | Mehrzahl

Wörter mit ng und nk

☐ b r i n g e n
☐ B a n k
☐ k r a n k
☐ d a n k e n
☐ t r i n k e n
☐ J u n g e
☐ d e n k e n
☐ e n g
☐ R i n g
☐ s i n g e n

① Ordne die Wörter der Wörterschule.
Sprich beim Schreiben **ng** und **nk** deutlich mit.

ng

nk

② Bilde Sätze. Schreibe sie richtig auf.

| danke | du | ein Lied | meiner Mutter | ich | singst |

③ Bärenstarke Wortforscher: Was kannst du in dem Wort **Junge** entdecken?

Silben ☐   bayerisch: _____   Buchstaben ☐

Mehrzahl: _____   **Junge**   Wortart: _____

andere Sprache: _____   Reimwort: _____

④ **DU + ICH** Welches Wort wollt ihr gemeinsam erforschen?

Rechtschreib-Trick:
Sil-ben spre-chen!

Ergänze.

Ich spreche beim Schreiben _____

und _____ **deutlich mit.**

Ringel-
blume

Mein Sprachbuch 2 – Arbeitsheft © 2014 Oldenbourg Schulbuchverlag GmbH, München

5 Schreibe die Wir-Form in Silben. Markiere **ng** und **nk** gelb.

er singt: *wir sin-*

sie dankt:

sie denkt:

es klingt:

es bringt:

es stinkt:

6 Male jedes Wortpaar mit einer Farbe an.
Schreibe die Paare, markiere **ng** und **nk** gelb.

der Ring   jung   der Trank   rin-gen   der Kran-ke   die En-ge

der Jun-ge   trin-ken   die Bank   eng   krank   die Bän-ke

7 Setze in jeder Zeile ein Reimwort aus der Wörterschule ein.

Vor dem Schrank steht eine _____ .

Das runde Ding ist ein _____ .

Töne klingen, wenn wir _____ .

Man kann nicht lenken, was wir _____ .

Der Knopf macht „Peng",

die Jacke war zu _____ .

SB Damit spiele ich • Seite 40

Mein Sprachbuch 2 – Arbeitsheft © 2014 Oldenbourg Schulbuchverlag GmbH, München

Sprache untersuchen   Verhärtungen

Besondere Schreibweisen

① Ergänze die Aufpassstellen. Die Wörterschule hilft dir. Sprich dazu. Beispiel: Baby mit **a** und **y**.

das B__b__,   das Pon__,

das Pop__orn,   der __ent,

der __l__n,   der __atsch,

der __omp__ter,   das __adrat,

das Interne__,   die __elle

Wörterschule:
- ☐ B a b y
- ☐ C o m p u t e r
- ☐ Q u a d r a t
- ☐ C l o w n
- ☐ C e n t
- ☐ P o p c o r n *
- ☐ I n t e r n e t *
- ☐ Q u a t s c h
- ☐ Q u e l l e
- ☐ P o n y *
- ☐

② Setze Wörter aus der Wörterschule richtig ein.

Mama bestellt die Zirkuskarten im _____.

Im Zirkus reitet ein _____ mit einer roten Nase auf einem _____

und macht _____. Eine Tüte _____ kostet einen Euro.

1 Euro sind 100 _____. Ein ganz kleines Kind ist ein _____.

Ein _____ hat vier gleiche Seiten.

An einer _____ tritt Wasser aus der Erde.

Ich schreibe eine Weihnachtsgeschichte am _____.

③ Bilde einen Satz.

im Zirkus   Quadrate   der Clown   malt

Ergänze.

Bei Aufpassstellen spreche ich dazu:

B**a**b**y** mit **a** und ____,

Quadrat mit ____.

Rechtschreib-Trick:
Üben und merken!

Hyazinthe

Mein Sprachbuch 2 – Arbeitsheft © 2014 Oldenbourg Schulbuchverlag GmbH, München

Richtig schreiben   Fremdwörter

Am 2. Weihnachtstag gehen wir in den Zirkus.
Mutter hat die Karten am Computer im Internet bestellt.
Wir nehmen das Baby mit. Ein Clown macht Quatsch.
Aus seinem Hut zaubert er Centmünzen.
Sein kleines Pony malt Quadrate.
In der Pause dürfen wir Popcorn kaufen.

Sinnschritte, merken, lesen, vergleichen, Sil-ben spre-chen, besondere Stellen

4 ICH ▸ Du willst den Text oben fehlerfrei abschreiben.
Überlege zuerst alleine, wie du dabei Schritt für
Schritt vorgehst. Schreibe dir dazu Stichpunkte auf.

5 DU + ICH ▸ Arbeite nun mit deinem Nachbarkind: Frage:
Wie machst du das? Vergleicht und besprecht eure Stichpunkte.

6 WIR ▸ Erklärt vor der Klasse, wie ihr Texte abschreibt. Sprecht darüber.
Findet gemeinsam den besten Weg, richtig abzuschreiben.
Erstellt dazu ein Plakat: **Schritt für Schritt richtig abschreiben!**

7 Schreibe den Text von oben so ab, wie ihr besprochen habt.

Mein Sprachbuch 2 – Arbeitsheft © 2014 Oldenbourg Schulbuchverlag GmbH, München

Monatsnamen

① Wörterschule:
  - Ziehe die Silbenstriche.
  - Zähle in den Wörtern die Silben → 3 .

② Tobo hat im Ok—to—ber .
In welchem Monat hast du Geburtstag?
Schreibe wie Tobo. Sprich dazu in Silben.

Wörterschule

3	J a n u a r *
	F e b r u a r *
	M ä r z *
	A p r i l *
	M a i *
	J u n i *
	J u l i *
	A u g u s t *
	S e p t e m b e r *
	O k t o b e r *
	N o v e m b e r *
	D e z e m b e r *

③ Verbinde zu Monatsnamen. Schreibe die Wörter.

| Ja | Feb | Sep | Ok | No | De |
| nu | ru | tem | to | vem | zem |

ar   ber   ber

④ Welche Monate (6) fehlen in Aufgabe 3.
Schreibe – wenn möglich – in Silben.

A p r i l

Rechtschreib-Trick:
Sil-ben spre-chen!

Ergänze den Merksatz.
Ich spre-che beim Schrei-ben
in _____ mit,
so hör ich die Lau-te Schritt für Schritt.

Mai-
glöckchen

Richtig schreiben   individueller Wortschatz

Geheimschrift – Abc

5 Streng geheim!
Kannst du die Geheimschrift entziffern?

6 Schreibe auf einen Zettel freundliche Ausrufe in der Geheimschrift.
Denke an das Ausrufezeichen! Gib den Zettel einem anderen Kind.

7 Aufgabe 1, 2, 3

ICH Streiche die Fehler (11) durch.
DU + ICH Vergleicht eure Korrekturen, sprecht darüber.
Schreibe die Wörter richtig darüber.

Jahreslauf

Zuerst ~~spurst~~ *spürst* du den galten Januar.

Dann kommt der kurze Februa.

Schnell folgen märz, April und Mai, Juni unt

Juli sind rasch vorbei.

nun zeigen sich August und Sebtember,

Ogtober, Nofember und Dezember.

Von vorne beginnt ein neues Jar schon wieder mit

dem Jannuar.

Mein Sprachbuch 2 – Arbeitsheft © 2014 Oldenbourg Schulbuchverlag GmbH, München

Sprache untersuchen · andere Schriftsysteme: Ausrufe

Nomen verlängern

☐ B r o t
☐ K i n d
☐ W i n d
☐ K l e i d
☐ B i l d
☐ T a g
☐ W e g
☐ H u n d
☐ B u b
☐ Z e l t *

1 Schätze: Wie viel Zeit brauchst du für jede
Aufgabe? Schreibe auf. Kontrolliere mit einer Uhr.

2 Ordne die Nomen aus der Wörterschule nach
dem letzten Buchstaben.

t: _____   b: _____

g: _____

d: _____

3 Male jedes Wortpaar mit einer Farbe an.
Schreibe die Paare, markiere **b**, **d** und **g** immer gelb.

| Bub | We-ge | Bro-te | Bu-ben | Kleid | Weg | Klei-der | Brot |

_____

_____

_____

_____

4 Verlängere die Nomen. Bilde die Mehrzahl.

kurzes Wort	langes Wort	kurzes Wort	langes Wort
der Hun___	*die Hunde*	der Zu___	*die Züge*
das Bil___		der Schran___	
das Zel___		der Ta___	

Rechtschreib-Trick:
An Regeln denken!

Streiche Falsches.

d oder **t**?   **g** oder **k**?
Ich verlängere/verkürze das Wort,
dann ist es klar.

Ackerwinde

Mein Sprachbuch 2 – Arbeitsheft © 2014 Oldenbourg Schulbuchverlag GmbH, München

Richtig schreiben   Verhärtung b, -d, -g

5 Ergänze **-d** oder **-t**, **-g** oder **-k**. Male und schreibe die Mehrzahl.

Kin		Ban		Ber	

6 Welcher Nomentest passt für diese Wörter? TAG, BROT, WEG, KLEID

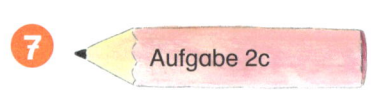 anfassen?   ddd Artikel   MZ Mehrzahl

nein	der Tag	die
ja	das B	

7 Aufgabe 2c   Unterstreiche die Fehler (10) und berichtige sie.

Ein schöner Tak
Frau Kraus holt das neue Kleit aus dem
Schrang. Dann macht sie sich mit Paul auf
den Wek zum Zirkuszeld. So ein Wint! Am
Eingang kauft der Bup ein Brod mit Salami.
Auf einem Bilt sehen sie einen Hunt auf einem Pferd.

Sprache untersuchen · Mehrzahlbildung bei Verhärtung

Mein Sprachbuch 2 – Arbeitsheft © 2014 Oldenbourg Schulbuchverlag GmbH, München

Wörter zur Zeit

1 Schreibe die Wochentage in der richtigen Reihenfolge auf.

Mo

Wörterschule

☐ W o c h e
☐ Z e i t
☐ M o n t a g *
☐ D o n n e r s t a g *
☐ M i t t w o c h *
☐ S e k u n d e *
☐ S o n n t a g *
☐ M i n u t e *
☐ S a m s t a g *
☐ D i e n s t a g *
☐ M o n a t *
☐ F r e i t a g *

2 Verbinde. Schreibe die zusammengesetzten Nomen mit Artikel.

die Winterzeit,

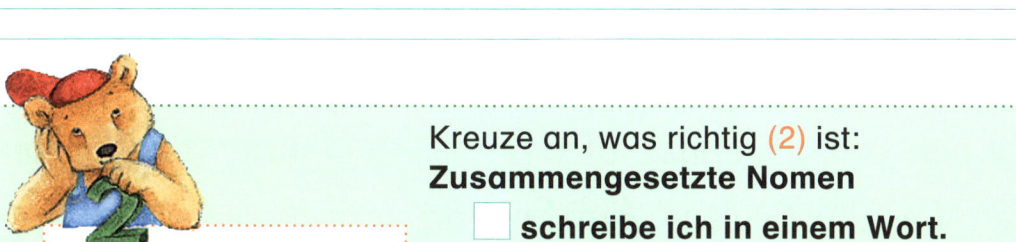

Rechtschreib-Trick:
An Regeln denken!

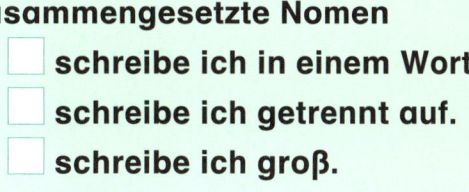

Kreuze an, was richtig (2) ist:
Zusammengesetzte Nomen

☐ schreibe ich in einem Wort.
☐ schreibe ich getrennt auf.
☐ schreibe ich groß.

Herbst-zeitlose

Mein Sprachbuch 2 – Arbeitsheft © 2014 Oldenbourg Schulbuchverlag GmbH, München

Richtig schreiben   individueller Wortschatz

3 `DU + ICH` Wie die Zeit **vergeht** – verbindet passend. Sprecht darüber.

Die Zeit rennt davon.   Es dauert lang.
Die Zeit geht zu Ende.   Etwas hört auf.
Die Zeit schleicht dahin.   Es bleibt zu wenig Zeit.
Die Zeit geht vorbei.   Etwas dauert ewig.
Die Zeit geht nicht um.   Es ist bald vorbei.

4 Auch du kannst unterschiedlich „gehen". Jeweils zwei Verben passen. Ordne
zu: rennen, springen, humpeln, trödeln, hinken, hüpfen, sausen, schlendern.

5 `ICH` Sammle Wörter, die zu „gehen" passen. ➡ Wörterbuch!

`DU + ICH` Vergleicht eure Wörter. Wie könnt ihr sie ordnen?

`WIR` Schreibt alle Wörter für „gehen" geordnet auf ein Plakat.

6  Unterstreiche die Fehler (7). Schreibe richtig ins Heft.

Eine Woche
Die SchuleWoche beginnt am Montag. Die Kinder schreiben
am Dienstag Monats Geschichten. Sie kleben die Geschichten
am Mittwoch auf kalender blätter. Am Donnerstag lernen
die Kinder die UhrZeiten. Am Freitag malen sie eine Uhr und
schneiden sekundenZeiger und Minuten zeiger aus.
Das Wochen Ende ist am Samstag und Sonntag.

Mein Sprachbuch 2 – Arbeitsheft © 2014 Oldenbourg Schulbuchverlag GmbH, München

Sprache untersuchen · Alternativen für „gehen"

1 Schreibe die Namen der Tiere mit Artikel in der Einzahl und
in der Mehrzahl auf.

2 Ergänze das Wort.

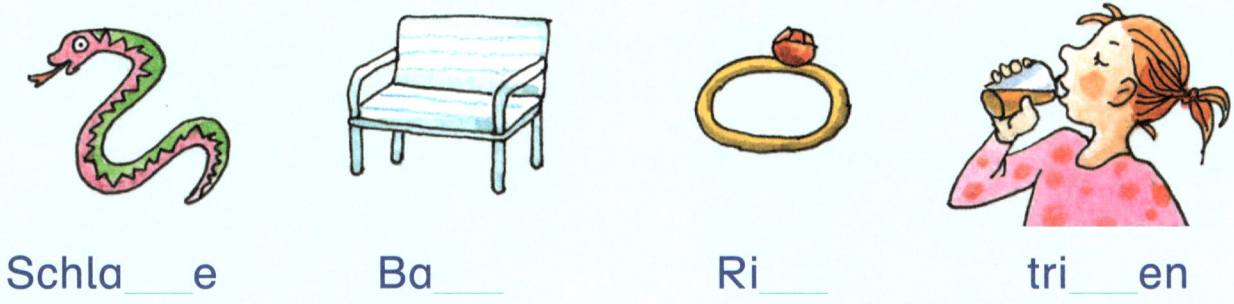

Schla___e   Ba___   Ri___   tri___en

3 In jeder Reihe ist nur ein Wort richtig geschrieben.
Streiche jeweils die zwei falsch geschriebenen Wörter durch.

brinken	bringen	briengen

dangen	dankn	danken

eng	enk	äng

4 Streiche jeweils das falsch geschriebene Wort durch.

a) Der Junke/Junge zeichnet am Computer/Computa ein Quadrat/Kwadrat.

b) Das Beby/Baby lacht über den Claun/Clown.

Mein Sprachbuch 2 – Arbeitsheft © 2014 Oldenbourg Schulbuchverlag GmbH, München

5 Schrei-be die Wör-ter in Sil-ben auf.

September: ～～～～～～～～～～～

Februar: ～～～～～～～～～～～

März: ～～～～～～～～～～～

August: ～～～～～～～～～～～

6 Schreibe für jedes Bild das passende Nomen.

Papa kauft ein  _____ . Heute weht ein starker

 _____ . Der  _____ führt auf den

 _____ . Der 🐕 _____ schläft im 🏕 _____ .

7 g oder k? d oder t? Setze jeweils den richtigen Buchstaben ein.

g	g	d	d
Bur__	Ban__	Wal__	Bro__
k	k	t	t

g	g	d	d
Köni__	Ta__	Lie__	Freun__
k	k	t	t

8 Schreibe das zusammengesetzte Nomen.

Ein Ring am Ohr ist ein _____ .

Eine Reise im Winter ist eine _____ .

Ein Zeiger für Minuten ist ein _____ .

Wie konntest du die Aufgaben lösen?
Male unter jede Aufgabennummer ein passendes Gesicht:
☺ Leicht!   😐 Es geht!   ☹ Ich muss dazu noch üben.

Wenn du mit allem fertig bist, überprüfe, ob alles ausgefüllt ist!

Mein Sprachbuch 2 – Arbeitsheft © 2014 Oldenbourg Schulbuchverlag GmbH, München

Doppelkonsonanten: Trennung

① Male in den Lernwörtern alle do**pp**elten Konsonanten gelb an.

② Sprich die Lernwörter in Silben und klatsche dazu.

③ Geheimschrift! Schreibe die Lösungswörter in die Kästchen. ▢ Konsonant ▢ Silbenkern

(a, e, i, o, u, ä, ö, ü)

▢ W a s | s e r
▢ a l l e
▢ F ü l l e r
▢ r o l l e n
▢ K l a s s e
▢ k ö n n e n
▢ a l l e s *
▢ f ü l l e n *

a l - l e

④ Welche Kästchen passen für diese Wörter?
Male und schreibe die Geheimschrift wie in Aufgabe 3.

Tasse, Messer, wollen, Pulli, Affe, offen

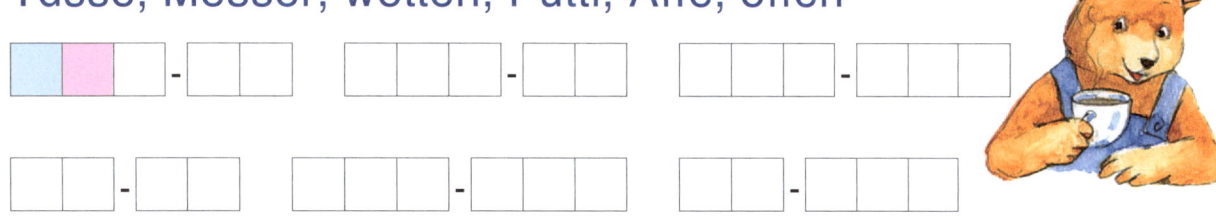

⑤ Beim Trennen darf ein Buchstabe nicht alleine stehen.

ICH ▸ Welche Wörter kannst du nicht trennen (4)? Kreise sie ein.

DU + ICH ▸ Vergleicht und sucht weitere Wörter, die ihr nicht trennen dürft.

Füller   Abend   aber   Nudel   Ofen   über   Juni

Streiche Falsches (2) durch.
**Wir trennen oft
vor/zwischen/hinter
den doppelten Konsonanten.**

Sonnen-
blume

6 Achte auf den roten Buchstaben und ordne zu: alle, aber, füllen, fühlen, können, König, Rose, rollen, Wasser, Vase, Ofen, hoffen.

langer Laut

kurzer Laut

7 Betrachte die beiden Spalten in Aufgabe 6. Was stellst du fest?

Ich erkenne …   Mir fällt auf, dass …

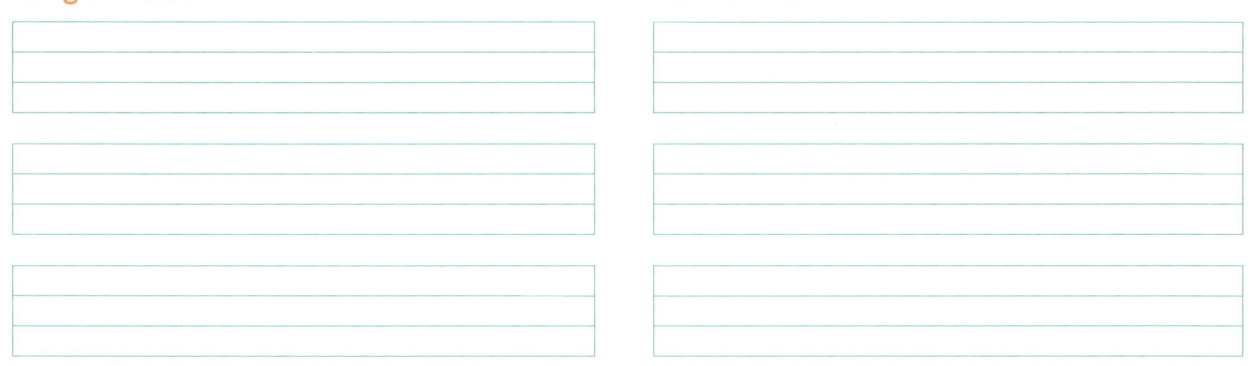

8 Klatsche die Silben. Schreibe das Wort getrennt auf.

Sommerzeit   *Som -*

Kinderroller

9 Male Silben, die zusammengehören, mit der gleichen Farbe an.

Fül	schrei	wa	rol	Klas	Sa	Was	kön
ben	ler	len	schen	lat	se	nen	ser

10  Aufgabe 1   T r e n | n e   m i t   S t r i | c h e n .

Klassenfest
Die Klasse 2c bereitet ein Fest vor.
Alle schreiben die Rezepte mit Füller auf.
Paul kocht Nudelwasser.
Emre und Emma waschen Salat und machen Brot.
Flink rollen sie den Teig aus. Alles ist gelungen.
Nun können die Kinder auf einen schönen Tag hoffen.

Mein Sprachbuch 2 – Arbeitsheft © 2014 Oldenbourg Schulbuchverlag GmbH, München

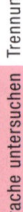

Sprache untersuchen   Trennung

Doppelte Konsonanten

(1) Wörterschule: Ziehe Sil|ben|stri|che.

(2) Schreibe die Lernwörter in Silben auf. Markiere die doppelten Konsonanten gelb. Wie klingt der Laut vor dem Doppelkonsonanten? _____

Wörterschule

☐ w o l l e n
☐ H i m m e l
☐ s o l l e n
☐ S o n n e
☐ m ü s s e n
☐ S o m m e r
☐ M u t t e r
☐ W e t t e r *
☐ W a f f e l *

(3) Verbinde richtig. Ergänze die Tabelle.

Wie schreibe ich?	Wir-Form	Er/Sie/Es-Form
er w — ill / il	wir wollen	er
sie s — ol / oll		sie
es m — us / uss		es

Rechtschreib-Trick: An Regeln denken!

Streiche Falsches (2) durch.

Im zweisilbigen/einsilbigen Wort hörst du Doppelkonsonanten sofort.

Der Laut vor dem Doppelkonsonanten klingt lang/kurz.

Narzisse

Mein Sprachbuch 2 – Arbeitsheft © 2014 Oldenbourg Schulbuchverlag GmbH, München

Richtig schreiben Konsonantenverdopplung

4 Mit oder ohne **un-**? Setze passend ein.

artig – unartig
Der Hund Polli geht _____ an der Leine.

geschickt – ungeschickt
Der Welpe fällt _____ aus seinem Körbchen.

glücklich – unglücklich
Polli ist _____, wenn Celina ihn streichelt.

ruhig – unruhig
Polli springt _____ hin und her.

5 `ICH` Überlege alleine: Was macht der Wortbaustein **un-** mit den Wörtern?
Magst du den Wortbaustein **un-**? Begründe.

_____

_____

_____

`DU + ICH` Erkläre deinem Nachbarkind, was du über den Wortbaustein **un-**
herausgefunden hast. Vergleicht.

`WIR` Sprecht in der Klasse darüber. Sammelt Wörter mit dem Wortbaustein.
Untersucht, ob der Wortbaustein **un-** bei allen Wörtern das Gleiche bewirkt.

6 Schreibe jeweils zwei Sätze wie in Aufgabe 4. Du kannst dazu Wörter
 aus eurer Sammlung verwenden, du kannst auch eigene Wörter suchen.

7 Aufgabe 1 und 2   Fehler (7)! Schreibe richtig ins Heft.
Finde eine Überschrift.

Es ist schönes Somerwetter.
die Sonne scheint vom Himmel.
wer will ein Eis?
Die Kinder müsen etwas warten.
mutter kommt mit Eiswafeln in den Garten.
Soll Struppi auch ein Eis bekomen?

Mein Sprachbuch 2 – Arbeitsheft © 2014 Oldenbourg Schulbuchverlag GmbH, München

Wörter mit Sp/sp

Spuck nicht so beim Schp!

□ s p r e|c h e n
□ s p a r e n
□ S p o r t
□

1 Lies die Wörter in der Wörterschule.
Male **Sp** und **sp** gelb an.
Wie hörst du diese Buchstaben?

Wie schreibst du sie? _____ oder _____

2 Hier sind Wörter mit **SP** (8) versteckt. Kreise sie ein.

A	B	S	P	E	C	K	C	D	E	S	P	E	I	S	E	F	G	H	I
J	S	P	A	T	E	N	K	L	M	N	S	P	I	E	L	E	O	P	Q
R	S	T	S	P	R	E	C	H	E	N	U	V	S	P	O	R	T	W	X
Y	Z	S	P	A	G	E	T	T	I	A	B	C	D	S	P	A	R	E	N

3 Reime mit **Sp** oder **sp**.

Wort   Reise   Braten   Ziegel
___ort   ___eise   ___aten   ___iegel

brechen   bringen   zucken   Rinne
___rechen   ___ringen   ___ucken   ___inne

4 **DU + ICH** Sammelt Wörter mit **Sp/sp**. Ein Wörterbuch hilft euch.
Tipp: Die Buchstaben **sp** können auch in der Wortmitte stehen: Ge**sp**enst.
Ordnet eure Wörter nach dem Abc.
WIR Vergleicht. Welches Paar hat die meisten Wörter gefunden?

5 Schreibe Sätze mit Wörtern mit **Sp/sp**.
Du kannst auch eine lustige Hundegeschichte schreiben, in der viele Wörter
mit **Sp/sp** vorkommen. Du weißt: Fragen und Ausrufe machen deine
Geschichte lebendig

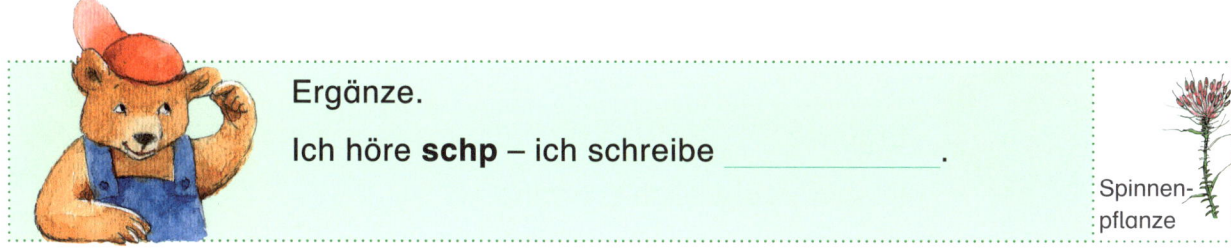

Ergänze.

Ich höre **schp** – ich schreibe _____ .

Spinnenpflanze

Mein Sprachbuch 2 – Arbeitsheft © 2014 Oldenbourg Schulbuchverlag GmbH, München

Richtig schreiben   Schreibung und Aussprache: Sp, Sch

Wörter mit St/st

1 Ordne die Wörter aus der Wörterschule richtig zu.

Wörterschule
- [ ] w ü n s c h e n
- [ ] S t e r n
- [ ] s c h ö n
- [ ] S t e i n
- [ ] s c h n e i d e n
- [ ] f r i s c h
- [ ] S t u n d e

St

Sch/sch

2 Kreuzworträtsel: Schreibe große DRUCKBUCHSTABEN.

C H
L
A

O R

E

R A U

U

N

A G

N E I

L

3 Setze richtig ein: **S** (7), **s** (3) oder **Sch** (2), **sch** (5).

In der ___portstunde be___prechen die Kinder die Regeln.
___tefan ___neidet ___terne aus. ___truppi findet
fri___e Wur___t unter einem Bu___. ___tella wün___t
sich eine ___lange. Dafür muss sie ___paren.
___ina sucht auf dem ___ulhof ___öne ___teine.

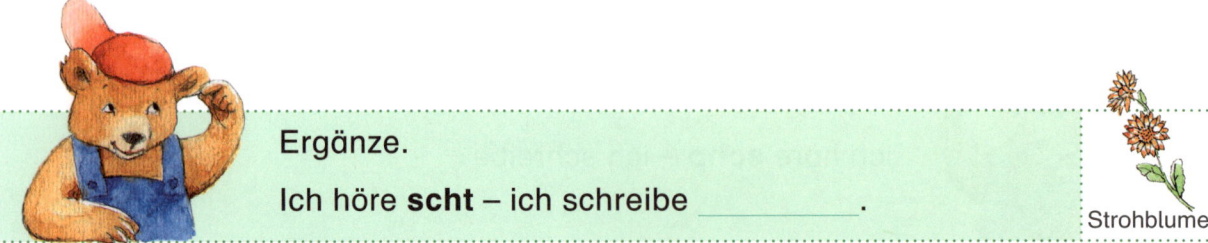

Ergänze.

Ich höre **scht** – ich schreibe _____.

Strohblume

Richtig schreiben · Schreibung und Aussprache: St, Sch

SB Hunde · Seite 67

Mein Sprachbuch 2 – Arbeitsheft © 2014 Oldenbourg Schulbuchverlag GmbH, München

Robotersprache

☐ Ge|mü|se
☐ To|ma|te
☐ ba|den
☐ re|den
☐ Tan|te
☐ bö|se
☐ Te|le|fon
☐ ant|wor|ten
☐ rech|nen

1 Schreibe die Lösungswörter in die Kästchen.

🟦 Konsonant 🟥 Silbenkern (**a, e, i, o, u, ä, ö, ü**)

b ö - s e

Welches Wort bleibt übrig? _____

2 Silbenmix: Schreibe die Wörter richtig auf.

dewanBane, Böwichtse

3 Der Roboter geht ins Restaurant. Lies so, wie Tobo bestellt.

| Tor | te | | Tin | ten | fisch | | Ti | ra | mi | su |

4 Das will Tobo auch essen. Trage passend ein.

Braten, Paprika, Trauben, Eis, Gurkensalat, Fischstäbchen

Rechtschreib-Trick:
Sil-ben spre-chen!

Ergänze.

Ich spreche deutlich in ____-____ mit,
so bin ich im Schreiben sicher und fit.

Enzian

Mein Sprachbuch 2 – Arbeitsheft © 2014 Oldenbourg Schulbuchverlag GmbH, München

Richtig schreiben   silbisches Mitsprechen

5 Kreise in der Fälschung die Fehler (8) ein.

Original

Fälschung

6 Verändere die Wörter mit **vor-** (3) oder **Vor-** (3).

_____stellen, _____fahren, die _____schau,

der _____hang, die _____fahrt, _____laufen

7 Verändere die Wörter mit **ver-** (3) oder **Ver-** (4).

er _____sucht, der _____stand, er _____kauft,

das _____bot, der _____such, sie _____steht, der _____kauf

8 Verben mit und ohne Wortbaustein.
Was ist anders? Sprecht darüber. Sammelt weitere Beispiele.

Polli sucht den Ball.	Safet steht an der Schule.
Mutter versucht ein neues Rezept	Leo versteht dich nicht.

9 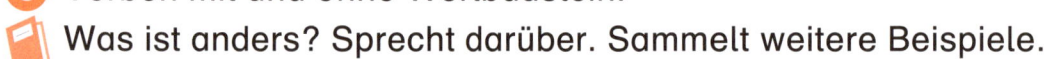 Aufgabe 1, 2, 3   Unterstreiche die Fehler (7). Schlag nach im Wörterbuch.
Schreibe die Wörter richtig auf.

Tobo stellt sich bei Tate Tina vor. Er ist ein Hausroboter.
Oje! Er ferschüttet den Tomatensaft! Da wird die Tante
böse. Nun will Tobo mit dem Hund badn. Dann verrechnt er
sich im Heft. Warum kocht er das Gemuse mit dem Telfon?
Was reddet er mit den Blumen?

Mein Sprachbuch 2 – Arbeitsheft © 2014 Oldenbourg Schulbuchverlag GmbH, München

Sprache untersuchen   Wortbausteine: ver-, vor-

Wörter mit V/v

1 Geheimschrift: ▢ Konsonant ▢ Silbenkern.
Trage alle Lernwörter passend ein.

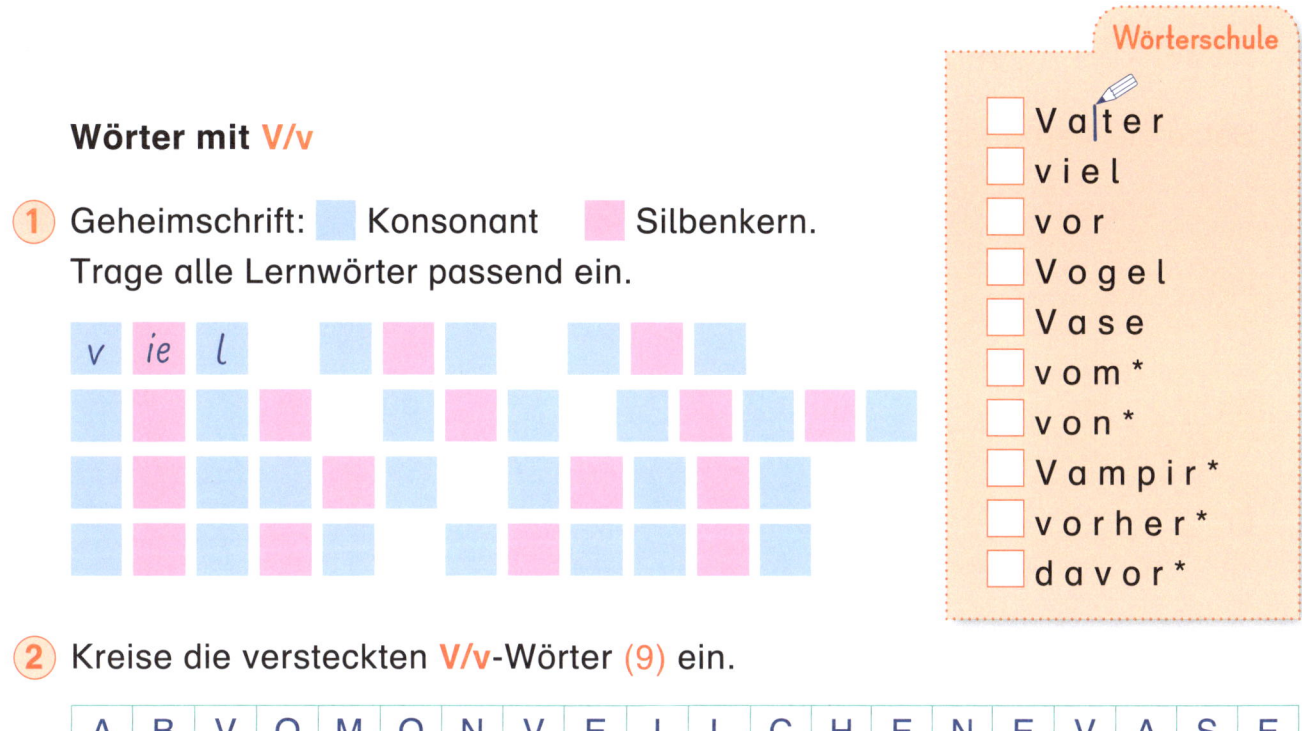

Wörterschule
▢ V a t e r
▢ v i e l
▢ v o r
▢ V o g e l
▢ V a s e
▢ v o m *
▢ v o n *
▢ V a m p i r *
▢ v o r h e r *
▢ d a v o r *

2 Kreise die versteckten V/v-Wörter (9) ein.

A	B	V	O	M	O	N	V	E	I	L	C	H	E	N	E	V	A	S	E
J	K	L	A	V	I	E	R	L	V	U	L	K	A	N	L	E	O	P	Q
R	S	T	V	A	M	P	I	R	E	N	V	I	E	L	O	R	T	W	X
Y	O	L	I	V	E	Ö	T	T	I	V	O	R	H	A	N	G	R	E	N

3 Bilde zusammengesetzte Nomen.

Zug   *Zugvogel*   *Vogelh*   Haus

Eis   Feder

Wasser   Futter

Nacht   Nest

4 Betrachte die zusammengesetzten Nomen in Aufgabe 3. Vergleiche die linke und die rechte Spalte. Was fällt dir auf?

**Rechtschreib-Trick:
Üben und merken!**

Ergänze.

**Ich übe die Wörter und merke sie mir,
besondere Stellen sage ich dir:
V̲ater mit Vogel-◯.**

Veilchen

Mein Sprachbuch 2 – Arbeitsheft © 2014 Oldenbourg Schulbuchverlag GmbH, München

Richtig schreiben   Wörter mit V/v

5 Setze die Verben in der richtigen Form ein.

versuchen	verbringen	verreisen
ich	ich	ich
du	du	du
er	sie	es

6 Verben verändern sich. Setze sie der Reihe nach richtig ein:

scheinen, fahren, kaufen, freuen, schreiben.

Die Sonne _____ am Himmel.

Morgen _____ wir in den Urlaub.

Vorher _____ ich einen Fußball.

_____ du dich schon?

Bianca _____ eine Postkarte.

7 Setze richtig ein: **V** (8), **v** (4) oder **F** (2), **f** (4). Ein Wörterbuch hilft dir!

Der kleine __ampir

Es ist eine dunkle No__embernacht.

__om __enster aus möchte

der kleine __ampir mit seinem __ater

da__on __liegen.

Da__or gibt er seinen schwarzen __ögeln

__iele Raupen. Aus einer __ase trinken

sie __risches Wasser. __ater __ragt:

„Bist du bereit __ür den __lug,

kleiner __ampir?"

Mein Sprachbuch 2 – Arbeitsheft © 2014 Oldenbourg Schulbuchverlag GmbH, München

Sprache untersuchen Verben

Unterstreiche Wichtiges!

1 Alle Wörter haben einen doppelten Konsonanten.
Ergänze die fehlenden Silben.

Fül-____   kön-____   Was-____   rol-____

Som-____   Mut-____   sol-____   Klas-____

2 Unterstreiche nur die Wörter, in denen der rote Vokal lang klingt.

| B a l l | V a t e r | R a b e | T a s s e |

| i h r | f r i s c h | s i t z e n | I g e l |

| M u t t e r | g u t | P u l l i | U h r |

| g r o ß | B o d e n | P o s t | r o l l e n |

| H e c k e | l e s e n | E s e l | B e t t |

3 Konsonant oder Doppelkonsonant? Setze richtig ein.

	Fü__er		bö__e
l oder ll	wo__en	s oder ss	mü__en
	ma__en		Kla__e

	kö__en		So__er
n oder nn	ler__en	m oder mm	Hu__el
	da__		To__ate

4 Setze richtig ein: **F/f** oder **V/v**?

Au__gabe   __ase   __risch   Tele__on

__om   __üller   __orlesen   __eder

__ogel   __ater   Sei__e   da__or

Mein Sprachbuch 2 – Arbeitsheft © 2014 Oldenbourg Schulbuchverlag GmbH, München

Wiederholen   Seite 35–44

⑤ Ordne nach der Wortart. Schreibe die Wörter richtig auf.

VOR, FRISCH, GEMÜSE, RECHNE, TELEFON, ALLE, BADE, VASE, VIEL,
BRAUCHE, SPORT, SPRECHE

Nomentest:
🖐 ddd MZ

Verbtest:
ich

andere
Wörter:

⑥ Setze richtig ein: rechnen, rufen, vorgehen, kommen.

Sibel _____ zu spät.   Celina _____ bis 100.

Sascha _____ laut.   Die Uhr _____ .

⑦ Vervollständige die Tabelle.

wir	ich	du	er
wir lernen			
	ich spare		
		du redest	
			er rollt

⑧ Schreibe zum Bild das Wort.

_____

Wie konntest du die Aufgaben lösen?
Male unter jede Aufgabennummer ein passendes Gesicht:
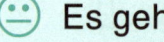 Leicht!   Es geht!   ☹ Ich muss dazu noch üben.

Mein Sprachbuch 2 – Arbeitsheft © 2014 Oldenbourg Schulbuchverlag GmbH, München

Wortbausteine

① Wörterschule: • Umrahme alle Wortstämme braun.
　　　　　　　　• Ordne nach dem Abc.

② Verbinde die Wortbausteine.
Schreibe.
Umrahme stets den Wortstamm.

	hör				geh				turn	
t	en	st	e	t	en	st	e	t	en	st	e

ich höre　　　　*ich*　　　　*ich*

du

es

wir

③ Welcher Vogel gehört zu welchem Stamm? Verbinde und schreibe.

ich	du	er	wir	ihr	sie
brauche	hol	reis	ruf	geh	wink

Setze richtig ein.
Ich schneide vom Verb die Endung ab,

damit ich gleich den _____ **hab.**

Krokus

Mein Sprachbuch 2 – Arbeitsheft © 2014 Oldenbourg Schulbuchverlag GmbH, München

Richtig schreiben　Wortbausteine

4 Entdecke Fehler (12).

Original

Fälschung

5  **Verbtest:** [ich] Wenn wir das Wort in der Ich-Form nennen, können wir das Verb erkennen.

Ordne und schreibe richtig: RUFEN, ABER, DÜRFEN, ENG, HÖREN, FÜR, BRAUCHEN, ROLLEN, KLEIN, SCHNEIDEN

Verben (6):
[ich]

ich rufe, ich

andere
Wörter (4):

6 Hier fehlen die Verben. Ergänze sie der Reihe nach in der richtigen Form:

hören, turnen, holen, brauchen, rufen, verreisen, winken, gehen.

Vögel

_____ *du den Vogel? Er* _____ *in*
den Ästen. Nun _____ *er kleine Zweige.*
Wozu _____ *er sie? Viele Vögel* _____
_____ *laut. Werden sie bald* _____ *?*
Ich _____ *ihnen zu und* _____ *weiter.*

7 Umrahme in den Verben von Aufgabe 6 die Wortstämme.

Sprache untersuchen · Verben verändern

Mein Sprachbuch 2 – Arbeitsheft © 2014 Oldenbourg Schulbuchverlag GmbH, München

Umlaute bei Nomen

- ☐ A p f e l
- ☐ M a u s
- ☐ H a u s
- ☐ G r a s
- ☐ H a n d *
- ☐ N a c h t *
- ☐ S a f t *
- ☐ A s t *
- ☐ F r u c h t *

① Male in den Lernwörtern jeweils den ersten Vokal gelb an.

② Verzaubere die Lernwörter!
Mache aus der Einzahl die Mehrzahl:

Gräser

Die Wörterliste ab Seite 69 hilft dir.

③ Du hast Umlaute gezaubert.
Wie heißen die Umlaute? _____

④ Schreibe die Einzahl.

die Gräser – *das*　　　　die Häuser –

die Äpfel – *der*　　　　die Nächte –

die Hände – *die*　　　　die Säfte –

die Äste – *der*　　　　die Mäuse –

⑤ Kannst du die Wörter erkennen? Schreibe. Markiere die ==Umlaute== gelb.

Bälle　　　　Hüte　　　　Störche　　　　Träume

Rechtschreib-Trick:
An Regeln denken!

Ergänze.

Aus **a** kann _*ä*_ werden.

Aus **o** kann ____ werden.

Aus **au** kann ____ werden.

Aus **u** kann ____ werden.

Gänse-blümchen

Mein Sprachbuch 2 – Arbeitsheft © 2014 Oldenbourg Schulbuchverlag GmbH, München

Richtig schreiben　Umlaute bei Nomen

6 Was siehst du? Wo hörst du Umlaute? Umkreise nur diese Bilder (6).

7 Male die Mehrzahl und schreibe sie mit Artikel auf.

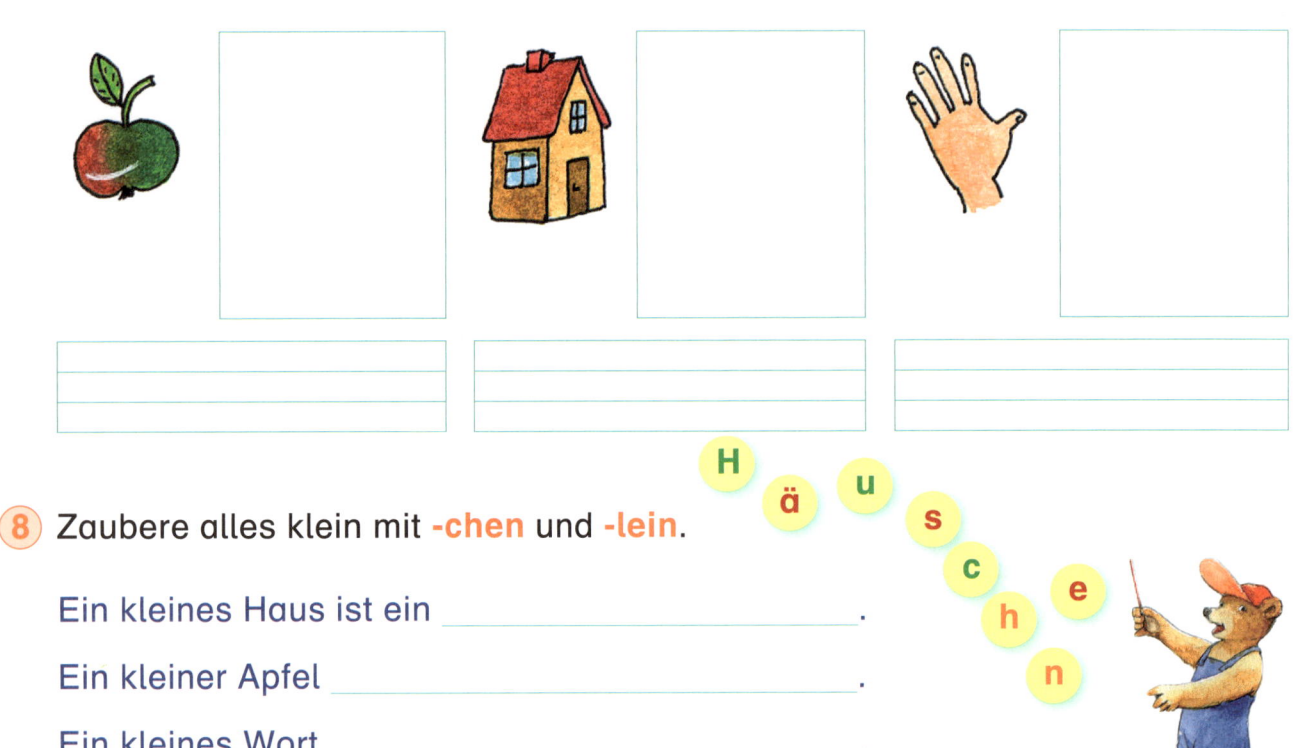

8 Zaubere alles klein mit **-chen** und **-lein**.

Ein kleines Haus ist ein _____ .

Ein kleiner Apfel _____ .

Ein kleines Wort _____ .

Eine kleine Maus _____ .

Ein kleines Brot _____ .

9 Setze die Nomen der Reihe nach in der Einzahl ein.

Nächte, Häuser, Wörter, Hände, Äpfel, Äste, Gräser, Mäuse, Früchte

In der _____

Ich bin vor dem _____ und rede kein _____ .

Mit der _____ taste ich nach einem _____ ,

aber er ist noch am _____ . Im _____ läuft eine

kleine _____ . Sucht sie auch eine saftige _____ ?

Mein Sprachbuch 2 – Arbeitsheft © 2014 Oldenbourg Schulbuchverlag GmbH, München

Umlaute bei Verben und anderen Wörtern

1 Ergänze die fehlenden Buchstaben.

l🐭🐭f🐭n   h🐭rt

w🐭sch🐭n*   r🐭t🐭n*

f🐭ll🐭n*   k🐭lt*   w🐭rm*

Wörterschule

☐ l a u f e n
☐ s c h l a f e n
☐ f a n g e n *
☐ h a l t e n *
☐ h a r t *
☐ w a s c h e n *
☐ r a t e n *
☐ f a l l e n *
☐ k a l t *
☐ w a r m *

2 Was tun **zwei** Mäuse?   Was tut **eine** Maus?

Sie schlafen.

Sie halten.

Sie raten.

Sie fallen.

Sie fängt.

Sie läuft.

3 Setze passend ein: fahren, fangen, tragen, braten.

Vater _____ an den See. Dort _____ er einen Fisch.

Er _____ ihn nach Hause. Mutter _____ den Fisch in der Pfanne.

Rechtschreib-Trick: An Regeln denken!

Ergänze.
Zu Wörtern mit ä oder äu, das ist mir

bekannt, sind Wörter mit ____ oder ____
häufig verwandt.

Löwen-
mäulchen

Mein Sprachbuch 2 – Arbeitsheft © 2014 Oldenbourg Schulbuchverlag GmbH, München

Richtig schreiben   Verben: Umlaute

4 Ergänze. Schreibe auch das verwandte Wort, das dir dabei hilft.

die W__rme – _____   die W__sche – _____

die K__lte – _____   das R__tsel – _____

die St__rke – _____   der L__fer – _____

die H__rte – _____   der F__nger – _____

5 Auf dieser Seite haben sich 5 kleine Mäuse versteckt.
Wo sind sie? Male sie an.

6 Wie schreibst du das verwandte Wort? Kreuze an.

warm
☐ wermer
☐ wärmer
☐ warmer

hart
☐ härter
☐ herter
☐ härtter

kalt
☐ källter
☐ kälter
☐ kelter

7 Setze die Verben der Reihe nach ein. Du musst sie verändern:

laufen, halten, fallen, fangen, raten, waschen, schlafen.

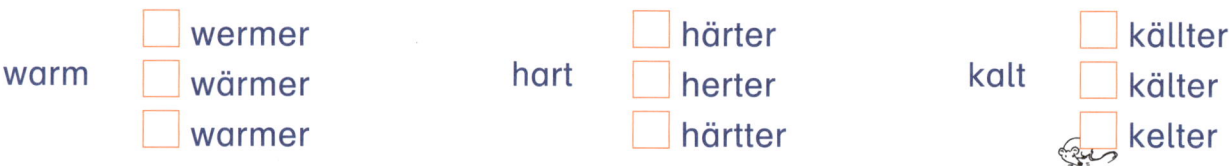

Eine Maus
Eine Maus _____ aus
dem warmen Haus.
Sie _____ ein Brot im Mäulchen.
Da _____ etwas vom Baum.
Die Maus _____ eine harte Frucht.
_____, was das ist!
Nun _____ sich die Maus.
In der kalten Nacht _____
sie unter Blättern.

8 Schreibe zu jedem Lernwort von Seite 51 einen Satz.
Die Wörterliste ab Seite 69 hilft.

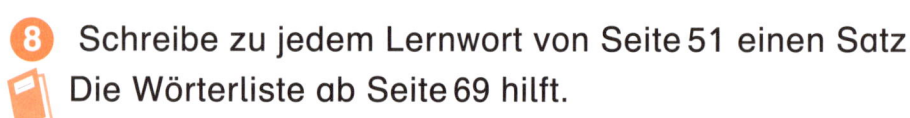

Mein Sprachbuch 2 – Arbeitsheft © 2014 Oldenbourg Schulbuchverlag GmbH, München

Sprache untersuchen · Verben

Stummes -h

Wörterschule

- [ ] z a h l e n
- [ ] Z a h l
- [ ] F r ü h l i n g
- [ ] J a h r
- [ ] Z a h n
- [ ] U h r
- [ ] z ä h l e n
- [ ] m e h r *
- [ ]

1 In jedem Lernwort hörst du einen Buchstaben nicht. Male ihn gelb an.

2 Schreibe die Lernwörter. Sprich und ergänze.

zahlen schreibe ich mit *ah* .

Zahl schreibe ich mit _____ .

Frühling schreibe ich mit _____ .

_____ schreibe ich mit _____ .

_____ schreibe ich mit _____ .

_____ schreibe ich mit _____ .

_____ schreibe ich mit _____ .

_____ schreibe ich mit _____ .

3 Suche die Wörter in der Wörterliste ab Seite 69 und schreibe jeweils das vorausgehende Wort auf.

Januar	Zahn	um	Minute

Rechtschreib-Trick: Üben und merken!

Ergänze.

Nie höre ich das stumme -_____,

ich merk's mir so: Zahn mit _____ .

Löwenzahn

Mein Sprachbuch 2 – Arbeitsheft © 2014 Oldenbourg Schulbuchverlag GmbH, München

Richtig schreiben   Rechtschreibbesonderheit: -h

4 **Adjektivtest:** Wie?   Wie ist … ? Wie sind ….? so muss ich fragen
und kann das Adjektiv dir sagen.

Kreise nur die Adjektive (7) ein.
Wie heißt die Wortart der anderen Wörter? _____

FOHLEN	FALSCH	LAHM	FRÜHLING
UHR	ALT	ZAHL	ROH KLEIN
SCHUH	KÜHL	OHR	ENG EI

5 Verbinde Nomen und Adjektive aus Aufgabe 4 sinnvoll.
Schreibe so: Das Fohlen ist lahm.   – das lahme Fohlen

6 ICH▶ Betrachte die Wörter. Was alles fällt dir auf?
Welche Aufgaben fallen dir zu den Wörtern ein? Notiere Stichpunkte.

zahlen   fröhlich   sehr   sehen   kahl   wohnen   lahm

roh   ehrlich   sieht   gefährlich   geht   belohnen   zählen

hohl   stöhnen   früh   mehr   gehen   froh

DU + ICH▶ Vergleicht und besprecht eure Ideen.
WIR▶ Beschließt gemeinsam passende Aufgaben.

7 Setze passend ein: **äh** (2), **Uh** (1), **uh** (1), **üh** (1), **ah** (2), **eh** (3).

Fr____ling

In dieser schönen J____reszeit z____le

ich s____r viele Blumen.

Jeden Tag werden es m____r und m____r.

Meine schwarze Katze hat Babys bekommen.

Sie haben schon Z____ne.

Sie kauen damit an Sch____en.

Heute haben sie meine rote ____r gefunden.

Wird Mutter ein neues Armband bez____len?

SB Verschieden sein ist ganz normal • Seite 94

Sprache untersuchen   Adjektive

Mein Sprachbuch 2 – Arbeitsheft © 2014 Oldenbourg Schulbuchverlag GmbH, München

Wörter mit tz und ck

Wörterschule ✏️

☐ K a t z e
☐ b a c k e n
☐ S a t z
☐ s i t z e n
☐ d i c k
☐ H e c k e *
☐ S c h n e c k e *
☐ s p i t z *
☐ S p i t z e *
☐ _____

① Ordne die Lernwörter der Wörterschule.
Markiere **tz** gelb und **ck** grün.

Nomen (5):

Verben (2):

Adjektive (2):

② Setze **tz** (3) oder **ck** (21) ein.

Schne____englü____

Eine ke____e braune Schne____e

fli____t um eine spi____e E____e.

Ganz erschro____en – auf dem So____el

si____t Herrn Mo____els di____er Go____el.

Körner spu____en, Würmer schlu____en,

Schne____en schle____en,

tut dem Go____el le____er schme____en.

Welch ein Schre____en – wo verste____en?

Es gibt Lü____en in den He____en.

Glü____ für Schne____en!

Angela Ziegler

Reime.
Die _____ hat eine weiche Tatze.

Wir wollen Nüsse knacken und Kuchen _____

Hecken-rose

Mein Sprachbuch 2 – Arbeitsheft © 2014 Oldenbourg Schulbuchverlag GmbH, München

Richtig schreiben   Rechtschreibbesonderheiten: tz und ck

3 ICH ▸ DU + ICH ▸ WIR ▸ Wie klingt der markierte Laut? Ordne zu.
Was fällt dir auf?

backen, baden, dick, dir, heben, Hecke, Kater, Katze, Satz, sagen, Blitz,
Bibu, Schnecke, schwer, sieben, sitzen, spitz, spielen, Spiegel, Spitze

langer Laut

kurzer Laut

4 Male Silben, die zusammengehören, in der gleichen Farbe an.

ba	ze	sit	He	Kat
Sät	cken	Schne	Go	ze
schlu	ze	cke	Spit	ckel
Hit	cken	zen	ze	cke

5 Setze die fehlenden Wörter ein. Schreibe den Text richtig auf.

BLITZI FLITZT   Aufgabe 1, 2, 3

AUF EINEM GRÜNEN SALAT SITZT DIE

 _____ BLITZI. DA KOMMT DIE

DICKE _____ MICKI UND WILL SIE

PACKEN. SPITZE _____ HAT SIE

AUCH. BLITZI FLITZT IN DIE _____ . MICKI

MACHT EINEN SATZ, DOCH BLITZI IST SCHON FORT.

Mein Sprachbuch 2 – Arbeitsheft © 2014 Oldenbourg Schulbuchverlag GmbH, München

Die Kontrolle zeigt mir dann, was ich alles sicher kann!

❶ Ordne nach dem gleichen Wortstamm.

Gehör, sitzen, bezahlen, Autositz, hören,
Zahl, erhören, nachsitzen, zahlen

_____
_____

_____
_____

_____
_____

❷ Wie wird das Wort geschrieben? Verbinde richtig.

	ände		örter		üling
die H		die W		der Fr	
	ende		öter		ühling

	zen		cken		g
si		ba		di	
	tzen		ken		ck

❸ Setze die Verben in der richtigen Form ein.

Fipsi ist klein und braun. Er _____ (schlafen) den ganzen Tag.

Am Abend wird er wach und _____ (waschen) sich.

Er_____ (laufen) gerne in seinem Rad.

Emma _____ (geben) ihm Futter und

frisches Wasser.

Sie _____ (holen) Fipsi aus dem Käfig

und _____ (halten) ihn in der Hand.

Wer ist Fipsi?

Mein Sprachbuch 2 – Arbeitsheft © 2014 Oldenbourg Schulbuchverlag GmbH, München

SB Seite 101

57

Wiederholen Seite 47–56

④ Setze jeweils das verwandte Nomen ein.

zeigen: Die Uhr hat zwei _____ .

reisen: Unsere _____ beginnt um 8 Uhr.

schlafen: Das Baby hat einen guten _____ .

turnen: Der _____ macht einen Purzelbaum.

⑤ a) Schreibe aus der Wörterliste ab Seite 69 den **Vorgänger** auf.

_____

| Auto | neu | Woche | dick | waschen | Fuß | in |

_____

| des | sieben | und | also | November | Mittwoch | oder |

b) Schreibe aus der Wörterliste ab Seite 69 den **Nachfolger** auf.

| Mutter | danken | Dose | weiter | als | Weg | dir |

_____

| schneiden | der | Ente | Hut | Dienstag | dunkel | Winter |

_____

| um | ist | Internet | dick | nun | Hecke | im | er |

_____

⑥ Ein Wort passt nicht. Streiche es durch und begründe.

• turnen, Cent, singen, malen, sagen   _____

_____

Wie konntest du die Aufgaben lösen?
Male unter jede Aufgabennummer ein passendes Gesicht:
☺ Leicht!   😐 Es geht!   ☹ Ich muss dazu noch üben.

Mein Sprachbuch 2 – Arbeitsheft © 2014 Oldenbourg Schulbuchverlag GmbH, München

Viele Konsonanten!

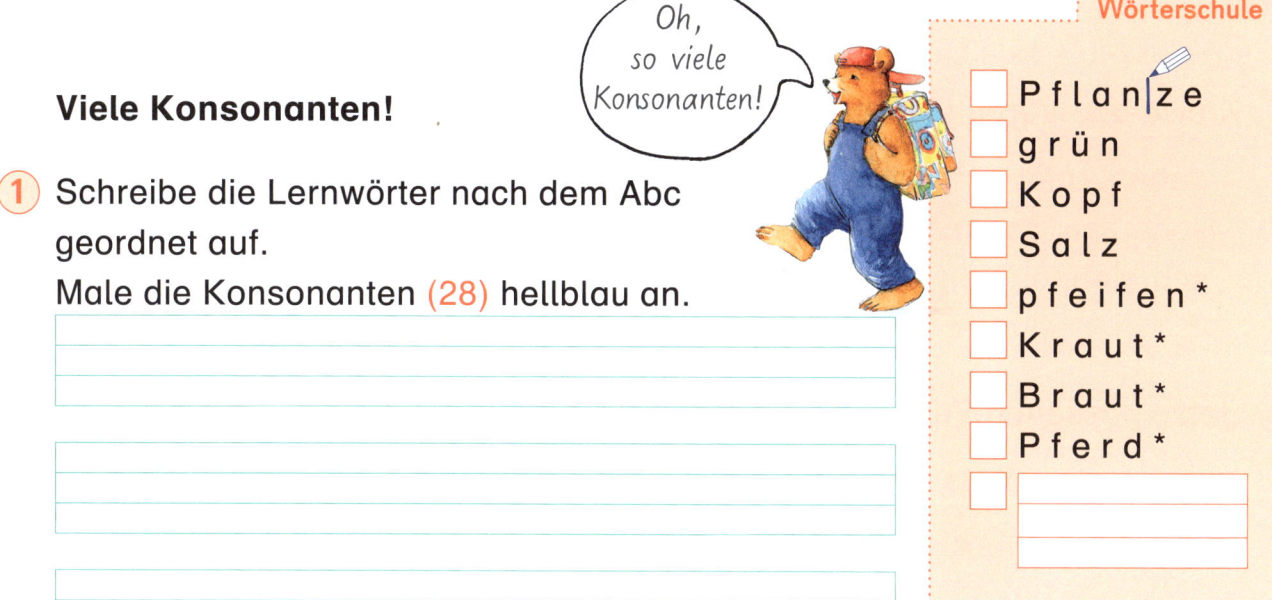

Oh, so viele Konsonanten!

☐ P f l a n z e
☐ g r ü n
☐ K o p f
☐ S a l z
☐ p f e i f e n *
☐ K r a u t *
☐ B r a u t *
☐ P f e r d *
☐

1 Schreibe die Lernwörter nach dem Abc geordnet auf.
Male die Konsonanten (28) hellblau an.

2 Welche Lernwörter passen? ⬜ Konsonant 🟪 Silbenkern

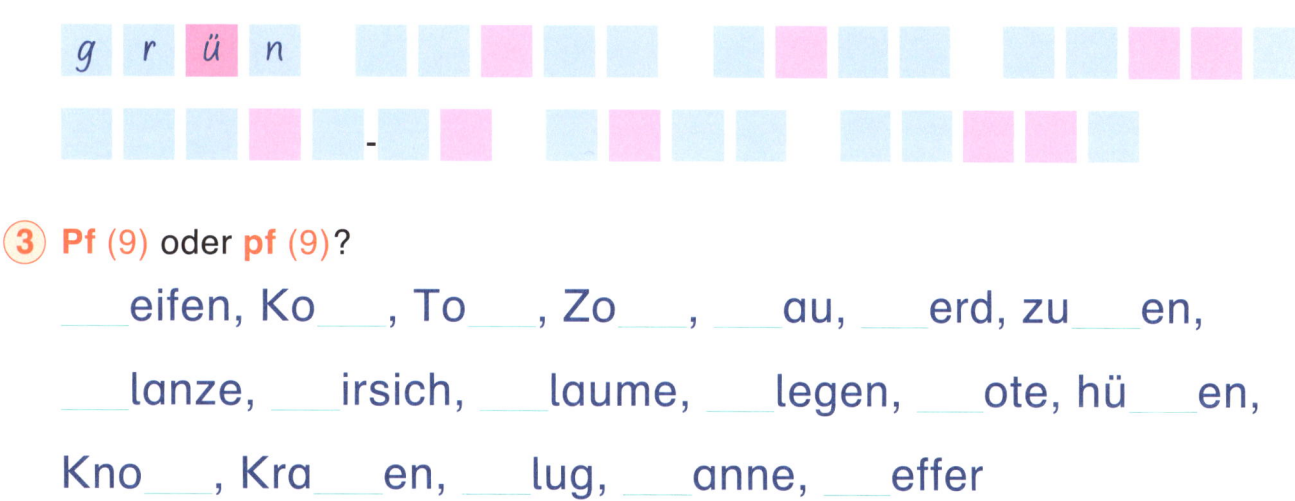

g r ü n

3 **Pf** (9) oder **pf** (9)?

＿＿eifen, Ko＿＿, To＿＿, Zo＿＿, ＿＿au, ＿＿erd, zu＿＿en,

＿＿lanze, ＿＿irsich, ＿＿laume, ＿＿legen, ＿＿ote, hü＿＿en,

Kno＿＿, Kra＿＿en, ＿＿lug, ＿＿anne, ＿＿effer

4 Schreibe zu jedem Verb das passende Nomen mit Artikel.

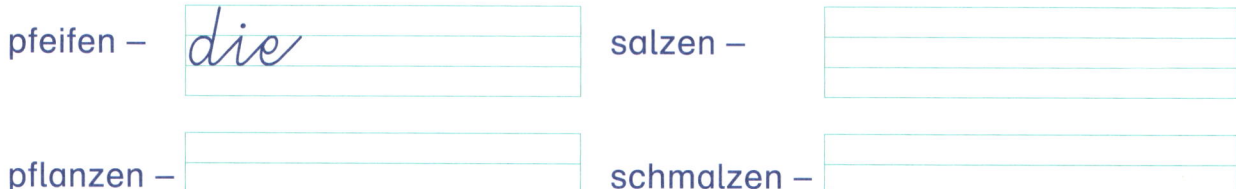

pfeifen – *die*   salzen –

pflanzen –   schmalzen –

Rechtschreib-Trick:
Sil-ben spre-chen!

Streiche durch, was falsch ist.
**Ich spre-che beim Essen/Schrei-ben
in Sil-ben mit
und hö-re die Lau-te Schritt für Schritt.**

Immergrün

Mein Sprachbuch 2 – Arbeitsheft © 2014 Oldenbourg Schulbuchverlag GmbH, München

Richtig schreiben · schwierige Mehrgrapheme: pf

SB Giftige Pflanzen · Seite 106

5 Kreise alle Verben für „sagen" (18) ein.

> gehen, rufen, antworten, sprechen, schimpfen, schauen, reden, flüstern, scherzen, meinen, laufen, fragen, überlegen, vorschlagen, rennen, schreien, brüllen, loben, danken, erklären, murmeln, springen, bitten

6 Setze passende Verben aus Aufgabe 5 ein.

Ich verstehe etwas nicht. Du _____ es mir.

Du hast etwas gut gemacht. Ich _____ dich.

Mein Freund geht vor mir. Ich _____ seinen Namen.

7 Ergänze und umrahme jeweils den Wortstamm.

ich -e	du -st	sie -t	wir -en
			rufen
frage			
	sagst		

8 Achte auf den Anfangsbuchstaben.
Setze passend ein: brüllt, sagt, fragt, grölt, zetert.

Zungenbrecher

Fabian _____ :
„Frisst Fridas Pferd frische Früchte?"
Sandra _____ :„ Sascha schmatzt salziges Schmalz.
Schorsch schmatzt schmalziges Salz." Branka _____ :
„Blaukraut bleibt Blaukraut und Brautkleid bleibt Brautkleid."
Gregor _____ :„Grünpflanzen grünen in Grünanlagen."
Zenta _____ : Zara zupft am Kopf, Zensi zupft am Zopf!

9 Kennst du einen Zungenbrecher in deiner Erstsprache – in deinem Dialekt?

SB Giftige Pflanzen • Seite 104–106

Mein Sprachbuch 2 – Arbeitsheft © 2014 Oldenbourg Schulbuchverlag GmbH, München

Sprache untersuchen Alternativen für „sagen"

Wörter mit ie

☐ W i e s e
☐ B i e n e
☐ l i e g e n
☐ s i e b e n
☐ s p i e l e n
☐ Z i e g e
☐ l i e b e n
☐ f l i e g e n *
☐

1 Verbinde zu Wörtern und schreibe sie in Sil-ben auf.
Wo findest du **ie** jeweils?

Wie · se · die
lie · ben · sie
Zie · ge · Flie
lie · gen · flie
Bie · ne · Schie
zie · len · spie

2 Was ist richtig (3)? Kreuze an: ☐ **ie** ist ein Silbenkern.

☐ **ie** klingt lang. ☐ **ie** klingt kurz. ☐ **ie** steht am Ende der ersten Silbe.

3 Schreibe in Silben: Riese, Risse, lieben, Lippen. Markiere die Silbenkerne (8).

**Rechtschreib-Trick:
An Regeln denken!**

Kreuze an, was richtig ist.

**Spreche ich i besonders ☐ lang ☐ kurz,
hängt oft am i ein e daran: ie.**

Flieder

Richtig schreiben · Wörter mit ie

4 Ergänze die Tabelle. Umrahme in jedem Verb den Wortstamm.

ich **-e**	du **-st**	er **-t**	wir **-en**
liebe			
	fliegst		
		liegt	
			spielen

5 a) Schreibe jedes Nomen in der Einzahl und Mehrzahl mit Artikel.
Wiese, Biene, Spiel, Ziege, Fliege

die

b) Schreibe mit den Wörtern Sätze oder Geschichten.

6 Nomentest: 🖐 ddd MZ   Verbtest: ich

LIEBE	LIEGE	FLIEGE	SPIELE
die **L**iebe			
ich liebe			

7 Aufgabe 1, 2   **DU + ICH** Entdeckt Fehler (13). Markiert sie so: ↑.
Sprecht darüber.

↑nsere ziegen

wir haben sieben ziegen. sie spielen auf der wiese. viele bienen fliegen

dort herum. eine ziege liegt unter dem baum. sie liebt es, fliegen zu fangen.

Mein Sprachbuch 2 – Arbeitsheft © 2014 Oldenbourg Schulbuchverlag GmbH, München

Sprache untersuchen   Wortfamilie, Wortstamm

Verhärtung

Wörterschule

① Wörterschule: Ordne nach dem letzten Buchstaben.

-b:

-d:

-t:

Wörterschule

- [ ] g e s u n d
- [ ] g e l b
- [ ] b u n t
- [ ] w e i t
- [ ] g u t
- [ ] r o t
- [ ] l a u t
- [ ] l e i c h t
- [ ] w i l d *
- [ ] l i e b *
- [ ]

② Ergänze. Welche Regel erkennst du?

| bun__ | gesun__ | gu__ | plum__ | gel__ |
| bunte | gesunde | gute | plumpe | gelbe |

③ Am Wortende **d** (3) oder **t** (3)? Das lange Wort hilft dir.

kurzes Wort	langes Wort	kurzes Wort	langes Wort
kal__	*kalte*	brei__	
leich__		run__	
frem__		gesun__	

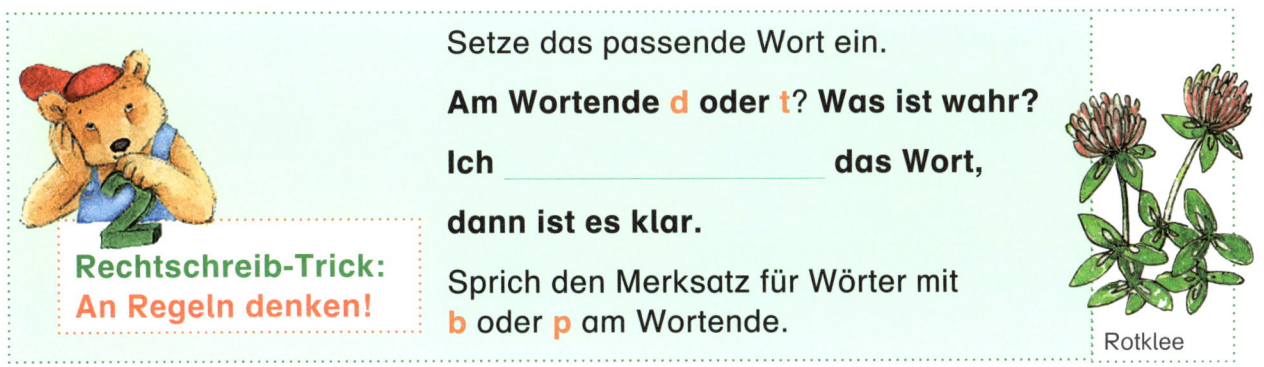

Setze das passende Wort ein.

Am Wortende d oder t? Was ist wahr?

Ich _____ **das Wort,**

dann ist es klar.

Sprich den Merksatz für Wörter mit
b oder **p** am Wortende.

**Rechtschreib-Trick:
An Regeln denken!**

Rotklee

Mein Sprachbuch 2 – Arbeitsheft © 2014 Oldenbourg Schulbuchverlag GmbH, München

Richtig schreiben Verhärtung: d, b

63

4 Schreibe passend: Wildschwein, Rotfuchs, Buntspecht. Zerlege die Wörter.

rot, Fuchs

5 Setze Adjektive und Nomen zusammen. Schreibe die passenden Nomen.

schwarz Brot, weit Sprung, rund Bank

6 Aufgabe 2d

ICH Unterstreiche die Fehler (4) und berichtige sie.
DU + ICH Vergleicht und erklärt gegenseitig.

Im Strand Bad

Es geht ein leichter Wind. Viele Kinder schreien laut und laufen wild herum. Lena und Sara legen bunte Hand Tücher auf den gelben Sand. Zum Wasser ist es nicht weit. Sara reibt sich gut mit Sonnen Milch ein, damit die Haut gesund bleibt und nicht rot wird. Die Freundin ist so lieb und holt eine Kugel Schokoladen Eis.

Berichtigung:

Sprache untersuchen · Wortschöpfungen

Besondere Wörter

Wörterschule

☐ K a i s e r
☐ H a i
☐ g r o ß
☐ F u ß
☐ H e x e
☐ M ä d c h e n
☐ G r u ß *
☐ g r ü ß e n *
☐ s i n d

① Ergänze die Lernwörter.
Sprich dazu. Beispiel: **Hai** mit a und i.

die He____e, der Fu____, der Gru____,

das M____dchen, der H____, gro____,

der K____ser, sin____, grü____en

② Setze Lernwörter ein.

Ein _____ ist mächtiger als ein König.

Der _____ ist ein Raubfisch.

Eine _____ gibt es nur im Märchen.

Ein Madel ist ein _____.

Am Ende des Briefs steht ein _____.

Ich trage an jedem _____ einen anderen Strumpf.

Zwerge _____ klein. Riesen sind _____.

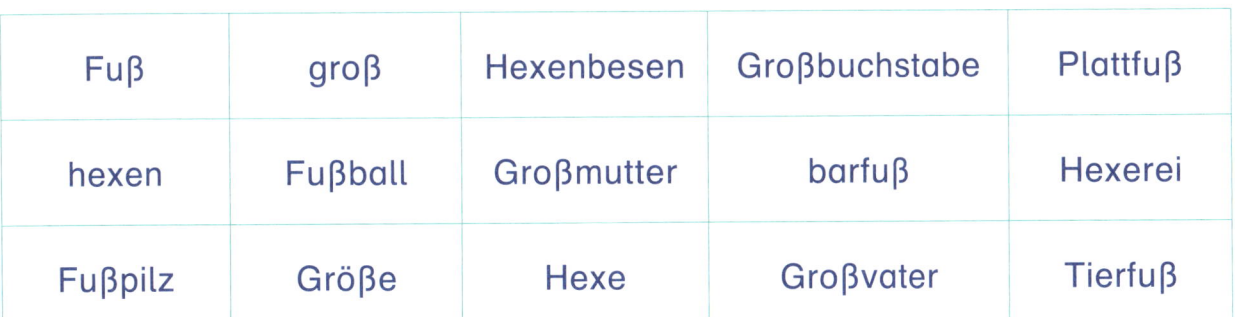

③ Male gleiche Wortstämme (3) in einer Farbe an.
Achtung, einmal verändert sich der Wortstamm!

Fuß	groß	Hexenbesen	Großbuchstabe	Plattfuß
hexen	Fußball	Großmutter	barfuß	Hexerei
Fußpilz	Größe	Hexe	Großvater	Tierfuß

Rechtschreib-Trick:
Üben und merken!

Streiche durch, was falsch ist.

**Ich übe die Wörter/die Nudeln und merke sie mir,
besondere Stellen sage ich dir.**

Mädchen-auge

Mein Sprachbuch 2 – Arbeitsheft © 2014 Oldenbourg Schulbuchverlag GmbH, München

Richtig schreiben Wörter mit ß, ai, x, ä

4 Setze passend ein: Hexen, Hexerei, hexen.

Wenn [_____] [_____] , ist das eine [_____]

5 Sprich die Wörter. Hör auf die markierten Vokale. Ordne.

Fuß, Fluss, Tasse, groß, Boss, Nuss, Soße, Kuss, Straße

langer Vokal (4): [_____]

kurzer Vokal (5): [_____]

6 Kreuze an, was richtig (2) ist:

☐ Vor „ß" klingt der Vokal lang.   ☐ Vor „ss" klingt der Vokal lang.

☐ Vor „ß" klingt der Vokal kurz.   ☐ Vor „ss" klingt der Vokal kurz.

7 Setze das Verb „sein", passend ein: ist, bin, sind, ist, bist, seid, ist, sind.

ich _____ , du _____ , er _____ , sie _____ , es _____ ,

wir _____ , ihr _____ , sie _____

8 Setze Nomen lustig zusammen. Schreibe sie mit dem Artikel auf.

Hexen, Mädchen, Fuß, Semmel, Hai, Kaiser, Alarm, Ring, Schaf, Nase

der Hexenalarm,

Mein Sprachbuch 2 – Arbeitsheft © 2014 Oldenbourg Schulbuchverlag GmbH, München

Richtig schreiben   Wörter mit ß, ai, x, ä

1 Rechtschreib-Trick: **Sil-ben spre-chen!**

a) Schrei-be in Sil-ben: Tomatensalat, Apfelmarmelade.

Rechtschreib-Trick

b) Setze ein: **Sch** (2) oder **S** (5).

__ule, __tunde, __port, __tern, __af, __tart, __piel

c) Genial, jede Silbe mit Vokal! Welcher fehlt?

Ap-f__l, Him-m__l, An-g__l, Kir-sch__n,

na-sch__n, hö-r__n, Gar-t__n

2 Rechtschreib-Trick: **An Regeln denken!**

Rechtschreib-Trick

a) Auf die Plätze, fertig, los - Satzanfänge und Nomen schreibt man groß!

Schreibe richtig: diese woche besuche ich meine freundin.

b) Merk dir bloß: Nomen schreibt man groß!

Ordne und schreibe richtig:
KAUFEN, KLEIN, PFERD, NEIN, HOCH, WARM, REITEN, SPIELER, ÜBER, ZAHL, SO, ALS, ZÄHLEN, FEIN, WO.

Nomen
🖐 ddd MZ (3): *das*

Verben
ich (3): *ich*

Adjektive
Wie? (4):

andere
Wörter (5):

Mein Sprachbuch 2 – Arbeitsheft © 2014 Oldenbourg Schulbuchverlag GmbH, München

Wiederholen Wiederholung

⑥ Kreuz und quer durchs Schuljahr

c) Verlängere ich das Wort, weiß ich die Schreibung sofort.

kurzes Wort	?	langes Wort	also:
er so____	l oder ll?	_sol-len_	_er soll_
er mu____	s oder ss?		
er ka____	n oder nn?		
er sa__t	g oder k?		
er gi__t	b oder p?		
er sp___lt	i oder ie?		
er ge__t	-h oder nicht -h?		
We__	g oder k?		
Wor__	d oder t?		
gel__	b oder p?		
run__	d oder t?		

d) **Ein Ding – ein Wort!**

Schreibe zusammengesetzte Nomen (3) mit Artikel:
Apfel, Baum, Berg, Ziege, Donau, Quelle.

③ Rechtschreib-Trick: **Üben und merken!**
Überprüfe die Wörter mit der Wörterliste ab Seite 69.

Rechtschreib-Trick

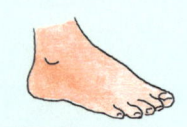   

Grundwortschatz für die Jahrgangsstufen 1 und 2

einschließlich der Häufigkeitswörter

Der zusätzlich angebotene Wortschatz ist mit * gekennzeichnet.

aber

alle

alles*

als

also

die **Ameise,** die Ameisen

antworten – er antwortet

der **Apfel,** die Äpfel

der **April***

arbeiten – er arbeitet

der **Ast*,** die Äste

auf

die **Aufgabe,** die Aufgaben

das **Auge,** die Augen

der **August***

aus

das **Auto,** die Autos

das **Baby,** die Babys

backen – er backt

baden – er badet

die **Bank,** die Bänke

der **Bauch,** die Bäuche

der **Baum,** die Bäume

bei

die **Biene,** die Bienen

das **Bild,** die Bilder

die **Birne,** die Birnen

blau

bleiben – er bleibt

die **Blume,** die Blumen

die **Blüte,** die Blüten

böse

die **Braut*,** die Bräute

brauchen – er braucht

braun

bringen – er bringt

das **Brot,** die Brote

der **Bruder,** die Brüder

der **Bub,** die Buben

das **Buch,** die Bücher

bunt

der **Cent,** die Cents (aber: 3 Cent)

der **Clown,** die Clowns

der **Computer,** die Computer

da

danken – er dankt

das

davor*

denken – er denkt

der

des

der **Dezember***

dich

dick

die

der **Dienstag*,** die Dienstage

dir

doch

der **Donnerstag*,** die Donnerstage

die **Dose,** die Dosen

du

dunkel

durch

dürfen – er darf

das **Ei,** die Eier

das **Eis**

das **Ende,** die Enden

eng

die **Ente,** die Enten

er

es

der **Esel,** die Esel

euer*

der **Euro,** die Euros (aber: 10 Euro)

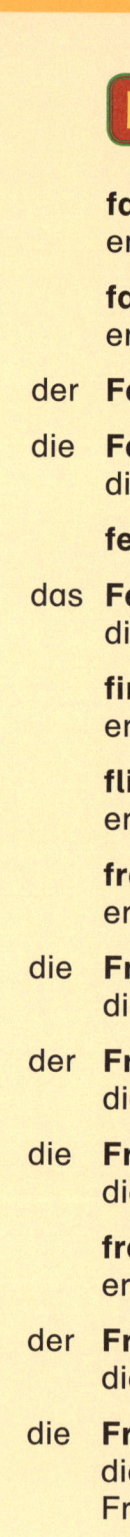

fallen* –
er fällt

fangen* –
er fängt

der **Februar***

die **Feder,**
die Federn

fein

das **Fenster,**
die Fenster

finden –
er findet

fliegen* –
er fliegt

fragen –
er fragt

die **Frau,**
die Frauen

der **Freitag*,**
die Freitage

die **Freude*,**
die Freuden

freuen* –
er freut sich

der **Freund,**
die Freunde

die **Freundin*,**
die
Freundinnen

frisch

die **Frucht*,**
die Früchte

der **Frühling**

füllen* –
er füllt

der **Füller,**
die Füller

für

der **Fuß,**
die Füße

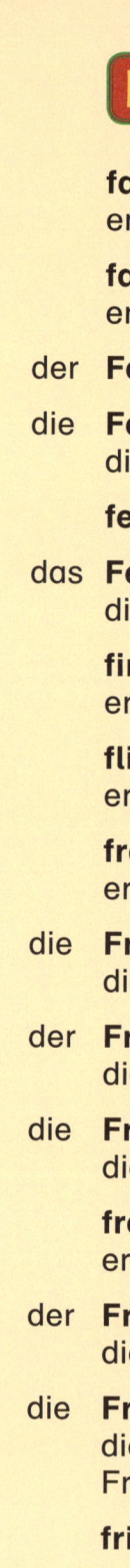

die **Gabel,**
die Gabeln

der **Garten,**
die Gärten

geben –
er gibt

gehen –
er geht

der **Geist*,**
die Geister

gelb

das **Gemüse,**
die Gemüse

gesund

das **Gras,**
die Gräser

groß

grün

der **Gruß*,**
die Grüße

grüßen* –
er grüßt

gut

haben –
er hat

der **Hai,** die Haie

halten* –
er hält

die **Hand*,**
die Hände

hart*

der **Hase,**
die Hasen

das **Haus,**
die Häuser

die **Hecke*,**
die Hecken

her

heute*

die **Hexe,**
die Hexen

der **Himmel,**
die Himmel

hinter

hoch

holen –
er holt

hören –
er hört

die **Hose,**
die Hosen

der **Hund,**
die Hunde

der **Hut*,**
die Hüte

ich

im

in

das **Internet***

ist

ja

das **Jahr,**
die Jahre

der **Januar***

der **Juli***

der **Junge,**
die Jungen

der **Juni***

der **Kaiser,**
die Kaiser

kalt*

die **Katze,**
die Katzen

das **Kind,**
die Kinder

die **Kiste,**
die Kisten

die **Klasse,**
die Klassen

das **Kleid,**
die Kleider

klein

können –
er kann

der **Kopf,**
die Köpfe

krank

das **Kraut*,**
die Kräuter

laufen –
er läuft

laut

leben –
er lebt

legen –
er legt

leicht

leise

lernen – er lernt

die **Leute**

lieb*

lieben – er liebt

liegen – er liegt

der **Löwe,** die Löwen

machen – er macht

das **Mädchen,** die Mädchen

der **Mai**

malen – er malt

der **März***

die **Maus,** die Mäuse

mehr*

die **Minute*,** die Minuten

mit

der **Mittwoch***

der **Monat*,** die Monate

der **Montag*** die Montage

müssen – er muss

die **Mutter,** die Mütter

nach

die **Nacht*,** die Nächte

die **Nadel,** die Nadeln

der **Name,** die Namen

der **Nebel,** die Nebel

nein

neu

nicht

der **November***

nun

oder

der **Oktober***

die **Oma,** die Omas

der **Onkel,** die Onkel

der **Opa,** die Opas

der **Partner,** die Partner

pfeifen* – er pfeift

das **Pferd,** die Pferde

die **Pflanze,** die Pflanzen

der **Pinsel,** die Pinsel

das **Pony*,** die Ponys

das **Popcorn***

das **Quadrat,** die Quadrate

der **Quatsch**

die **Quelle,** die Quellen

der **Rabe,** die Raben

raten* – er rät

die **Raupe,** die Raupen

rechnen – er rechnet

reden – er redet

der **Regen,** die Regen

reisen – er reist

der **Ring,** die Ringe

rollen – er rollt

rot

rufen – er ruft

der **Saft*,** die Säfte

sagen – er sagt

das **Salz,** die Salze

der **Samstag*,** die Samstage

der **Satz,** die Sätze

das **Schaf,** die Schafe

schauen* – er schaut

scheinen – er scheint

die **Schere,** die Scheren

schlafen – er schläft

die **Schnecke*,** die Schnecken

schneiden – er schneidet

schon

schön

schreiben – er schreibt

die **Schule,** die Schulen

schwarz

die **Schwester,** die Schwestern

die **Seife,** die Seifen

sein – er ist, wir sind

Wörterliste

die **Sekunde*,**
die Sekunden

der **September***

sie

sieben

singen –
er singt

sitzen –
er sitzt

so

sollen –
er soll

der **Sommer,**
die Sommer

die **Sonne,**
die Sonnen

der **Sonntag*,**
die Sonntage

sparen –
er spart

spielen –
er spielt

spitz*

die **Spitze,**
die Spitzen

der **Sport**

sprechen –
er spricht

der **Stein,**
die Steine

der **Stern,**
die Sterne

die **Stunde,**
die Stunden

suchen –
er sucht

T

der **Tag,**
die Tage

die **Tante,**
die Tanten

die **Tasche,**
die Taschen

das **Telefon,**
die Telefone

der **Tisch,**
die Tische

die **Tomate,**
die Tomaten

trinken –
er trinkt

tun –
er tut

turnen –
er turnt

U

üben – er übt

über

die **Uhr,**
die Uhren

um

und

V

der **Vampir*,**
die Vampire

die **Vase,**
die Vasen

der **Vater,**
die Väter

viel

der **Vogel,**
die Vögel

vom*

von*

vor

vorher*

W

die **Waffel*,**
die Waffeln

warm*

warten –
er wartet

was

waschen* –
er wäscht

das **Wasser,**
die Wasser

der **Weg,**
die Wege

weil

weit

weiter

wer

das **Wetter*,**
die Wetter

die **Wiese,**
die Wiesen

wild*

der **Wind,**
die Winde

winken* –
er winkt

der **Winter,**
die Winter

wir

wo

die **Woche,**
die Wochen

der **Wolf,**
die Wölfe

die **Wolke,**
die Wolken

wollen –
er will

das **Wort,**
die Worte

wünschen –
er wünscht

die **Wurzel,**
die Wurzeln

X

Y

Z

die **Zahl,**
die Zahlen

zahlen –
er zahlt

zählen –
er zählt

der **Zahn,**
die Zähne

zeigen –
er zeigt

die **Zeit,**
die Zeiten

das **Zelt,**
die Zelte

die **Ziege,**
die Ziegen

zwei